中岳庙社区志

郑州市名村志文化工程

郑州市地方史志编纂委员会　主办
郑州市地方史志办公室　编著

中国水利水电出版社
www.waterpub.com.cn
·北京·

图书在版编目（CIP）数据

中岳庙社区志 / 郑州市地方史志办公室编著. -- 北京 : 中国水利水电出版社, 2022.12
郑州市名村志文化工程
ISBN 978-7-5226-0200-4

Ⅰ. ①中… Ⅱ. ①郑… Ⅲ. ①社区一概况一郑州 Ⅳ. ①D669.3

中国版本图书馆CIP数据核字(2021)第259953号

审图号：豫郑登S〔2022年〕001号

选题策划：马爱梅　宋建娜　李慧君
责任编辑：李慧君

书籍设计：李　菲　田雨秾　龚　煜

	郑州市名村志文化工程
书　名	中岳庙社区志
	ZHONGYUEMIAO SHEQU ZHI
作　者	郑州市地方史志办公室　编著
出版发行	中国水利水电出版社
	(北京市海淀区玉渊潭南路1号D座　100038)
	网址: www.waterpub.com.cn
	E-mail: sales@mwr.gov.cn
	电话: (010) 68545888（营销中心）
经　售	北京科水图书销售有限公司
	电话: (010) 68545874、63202643
	全国各地新华书店和相关出版物销售网点
排　版	北京金五环出版服务有限公司
印　刷	北京天工印刷有限公司
规　格	184mm×260mm　16开本　19.25印张　348千字
版　次	2022年12月第1版　2022年12月第1次印刷
定　价	128.00元

（图上行政界线为权宜画法，不作为划界依据）

太室山

黄盖峰

鸟瞰中岳庙

懊来山

中岳庙社区

郑州市名镇志、名村志、名街志编纂委员会

主　　任 虎　强

副 主 任 朱　军

委　　员（按姓氏笔画排序）

王丹东　王淑慧　付　赟　冯凌义　刘　宁　李新建

张　超　张　超　郑向阳　赵敏祥　贾　昊　黄卫红

梁豫生　景晓明

主　　编 朱　军

副 主 编 王丹东

编　　委（按姓氏笔画排序）

王东亮　王西林　王佰顺　王海燕　冉　宁　刘　伟

刘　琴　刘华东　李　磊　武丽娜　袁玉强　贾　佳

编　　辑 刘　恒　李　靖　王　丹

学术顾问（按姓氏笔画排序）

丁　昆　王保国　刘　杰　安海蓉　孙英民　李仁清

李运江　李伯谦　张　永　张　霆　张绍宇　杭　侃

郑东军　封曙光　胡惠林　顾　华　徐建勋　阎铁成

韩国河　魏　剑

《中岳庙社区志》编纂委员会

主　　任　岳小争　王晓蒙

副 主 任　刘华东　白少丹　彭航丽

委　　员　李先道　申炎西　耿建松　张平和　李秀霞　刘　扬
付治宾　袁帅军　申少强　杨　丹　韩平顺　申占光
赵占红　何振德　胡金有　李建平　胡晓峰　郭永朝
胡三虎　李海周

编　　撰　宫嵩涛

摄　　影　刘客白 等

序

2022年是党的二十大胜利召开之年，郑州市地方史志办公室（以下简称“市史志办”）坚持以习近平新时代中国特色社会主义思想为指导，深入学习贯彻党的二十大精神，在中国地方志指导小组办公室、中共河南省委党史和地方史志研究室的指导支持下，按照市委全会部署和政府工作报告安排，充分发掘、放大、展示郑州历史文化资源禀赋和特质、气质，扎实落实《郑州兴文化工程文化研究计划实施方案》，以郑州市名镇志、名村志、名街志文化工程和地方史研究为抓手，围绕郑州当代发展研究、郑州文化名人研究、郑州城市文化史研究、郑州重要时期的重大事件研究、郑州重要历史文献典籍研究、郑州重要历史文化遗存研究、郑州红色文化研究开展工作，相继完成了39部乡镇志、街道志和村志的编纂出版工作。市史志办充分发挥存史资政育人职能，积极探索基层志书编纂体制机制创新的有效途径，努力打造精品佳志，推动新时代方志工作高质量发展，主要做法是：

坚持正确导向，突出时代主题。市史志办在乡镇志、街道志、村志编纂中，力求全面、客观反映党史、新中国史、改革开放史、社会主义发展史在郑州的辉煌业绩，记录郑州从一座古老的城市发展成为国家中心城市的历史进程，阐释中华文明、中原文化在郑州这座城市的文明形态起源、嬗变和现代转型历程。聚焦黄河文化、商都文化、黄帝文化、河洛文化、嵩山文化和二七精神等重要的城市文化名片，市史志办组织编纂了管城区《东大街街道志》《西大街街道志》《城东路街道志》，二七区《德化街道志》，金水区《杜岭街道志》，上街区《峡窝镇志》《方顶村志》，巩义市《回郭镇志》《大峪沟镇志》《康店镇志》《河洛镇志》《站街镇志》《小关镇志》《米河镇志》《涉村镇志》《海上桥村志》，新郑市《孟庄镇志》《新建路街道志》，荥阳市《汜水镇志》《王村镇志》，惠济区《古荥镇志》《花园口镇志》，中牟县《雁鸣湖镇志》《黄店镇志》，新密市《刘寨镇志》，登封市《告成镇志》《中岳庙社区志》等基层志书。市史志办尝试从方志学的角度描述、分析这些文化的历史演进，宏大叙事与微观剖析并重，讲述方志故事，凝聚城市精神，发现并彰显这些深藏在街道社区、乡村田野里的城市文化根脉。

坚持质量标准，规范编纂流程。我们认真贯彻落实《郑州市地方志工作规定》要求，明确各级地方志工作机构与编纂单位分工负责，针对每部志稿都成立了专门编纂机构，专班推进，形成了一级抓一级、层层抓落实，踏石留印、抓铁有痕的工作格局。遵循地方史志工作的基本原则，把质量视作名镇名街名村志编纂的生命线，对每部志书严把政治观、史实关、体例关、文字关、出版关和印刷关。为提高编纂专业水平，市史志办邀请中国地方志指导小组办公室、中共河南省委党史和地方史志研究室指导工作，并与国内知名高校合作，采取集中培训、案例教学等形式，面向修志业务人员，结合实际答疑解惑，较好地统一了修志原则和基本规范。同时，市史志办与中国水利水电出版社紧密协作，按照中国名镇志、名村志文化工程的质量标准，开展全方位深度合作，搭建专业服务平台，合力推进精品工程建设。

拓展方志视野，创新编纂方式。市史志办积极适应进入“读图时代”的现代读者需求，在锤炼文字表达的同时，特别突出了“图像存史”的作用。市史志办与河南省美术家协会合作，组织一批在省内乃至全国有影响的优秀画家，深入基层开展采风创作，用画笔描绘郑州美丽乡村和城市现代街区风貌。市史志办要求编纂单位注意对优秀美术作品的资料收集，如巩义籍著名画家陈天然、徐小龙等长年扎根农村基层，创作出一批表现浓郁乡土风情的优秀美术作品，许多作品收入相关志书，成为熠熠生辉的亮点。中共郑州市委宣传部外宣办，河南日报新闻图片有限公司，郑州日报社及市、区县（市）摄影家协会等单位和许多优秀、敬业的摄影家，为市史志办提供、创作了大批精彩的摄影作品，与志书篇章结构和语言文字同步配合，形成了一个全新的图像叙事语言体系。这已不是简单的配图、插图、图文并茂，而是把图像证史、存史放在了编纂方式创新的维度上来考量其价值与意义。

提高学术品质，丰富志书内涵。市史志办借鉴人文地理学和社会学的调查研究方法，在中原区委、区政府的支持下，组织编纂了该区《西流湖街道志》《中原西路街道志》《桐柏路街道志》《三官庙街道志》《棉纺路街道志》《绿东村街道志》《林山寨街道志》《汝河路街道志》《航海西路街道志》《须水街道志》《秦岭路街道志》《建设路街道志》12部街道志，对一个行政建置区域的政治、经济、文化、社会、生态建设状况，特别对自中华人民共和国成立以来各个历史时期的发展做了全方位的较完整记述。这些街道志组成了一个美丽的“方志拼图”，从中可以清晰地看到中原区从一个传统的城郊农业区，在中华人民共和国成立初期形成郑州市的市级行政中心、文化中心和现代工业区，改革开放以来经过国企改革的华丽“蝶变”转型升级为现代化宜居宜业新城区的时空轨迹。市史志办与郑州大学建筑学院合作，开展传统村落与民居保护和城市街区建筑文化专项调查，形成了一批研究成果并在编纂中予以重点展示。郑州市是中华文明探源工程、夏商周断代工程等考古研究的重点区域，拥有世界文化遗产登封“天地之中”历史建筑群和诸多国家重点文物保护单位，各类历史文化遗迹俯拾即是。在文物部门的大力支持下，市史志办在相关志书编纂中，注意收录考古最新发现及研究成果，以丰富志书编纂的文化内涵。

坚持统筹规划，分层扎实推进。市史志办坚持依法治志的基本原则，依法推进各项编纂组织管理工作。一是建章立制，科学管理。结合编纂实际，理顺管理体制和运行机制，明确了市、县、乡、村在志书编纂中的各级权责，分级负责与属地管理有机结合，最大限度地形成合力、统筹推进。市史志办把这项工作作为一项硬任务，年初及时向市委市政府报告列入年度工作计划、财政预算，并与各区县（市）协商制订工作计划，按节点有序推进。二是统一规划，明确目标。市史志办要求各区县（市）本着精品至上、宁缺毋滥的原则确定选题规划，突出“名”和“特”，建立编纂项目库，集中力量，抓出精品，锻炼队伍，探索经验。三是分类指导，有的放矢。根据各区县（市）申报的选题计划，市史志办进行实地考察和逐一分析，建立选题库。在整体过程中，实施有效的分类管理，进度服从质量，不搞“一刀切”，因地制宜，精准发力，推动这项工作积极稳妥、健康有序开展。四是重点突破，严把关口。市史志办以出版为时间节点，倒排工期，提出每部志书要认真把好四个关口：首先，每部志书的承编单位要严格按照既定的编纂体例完成初稿，做到篇目完整、材料充分。其次，各区县（市）史志工作机构要组织相关部门召开评审会，重点把好政治关、史实关，确保在民族、宗教、保密等重大问题上不出偏差，在内容材料上客观真实、准确无误。第三，由市史志办协同组织出版社、承编单位和专家学者，对稿件进行集中修改审定，群策群力，解决每部志书在内容、体例、语言等方面存在的问题，基本完成定稿。第四，出版社按照所签订的合作协议，编辑出版关口前移，签订协议后，提前介入每部志书的具体编纂指导、审定等工作，确保出版进度和质量。

坚持深入调研，解决实际问题。在地方志事业转型升级创新发展的进程中，转变思想观念、转变发展方式是全面的、深层次的变革。在推进郑州市名镇志、名村志、名街志文化工程工作中，市史志办深感地方志工作“一纳入、八到位”不能仅停留在一般性的“纳入”和“到位”上，应该以问题为导向，深入调查研究，切实解决党委政府重视支持、人力财力保障等基层反映强烈的实际问题。一是积极争取各级党委政府支持。名镇志、名街志、名村志的编纂主体是市县乡各级党委政府及其地方史志管理工作机构，是“官修”而非私修。因此，编纂名镇志、名街志、名村志是在各级党委政府领导和支持下，由各级地方史志工作机构负责牵头组织开展的。市史志办在调研中深刻体会到，名镇志、名街志、名村志的编纂过程既是一个部门的业务推进，也是向各级党委政府汇报地方史志工作转型升级创新发展的形势任务和争取更大支持、解决实际问题的工作契机。二是切实解决好钱从哪里来。郑州市名镇志、名村志、名街志文化工程是郑州市组织推进的一项重点文化项目，市史志办明确不向乡镇村基层摊派经费增加负担，按照财政分级管理的原则，积极向市政府和财政部门争取项目专项资金，解决编纂出版印刷等各项工作中的费用。各区县（市）负责组织编纂志书初稿的费用，经郑州市地方史志办公室审定、出版社认可达到编辑出版要求，之后的费用由郑州市地方史志办公室负责申请市财政审核拨付。对名镇志、名街志、名村志编纂出版试行项目化资金管理，明确资金来源，严格预算管理，有助于形成一级抓一级、层层抓落实的长效工作机制。三是形成合力众手成志。将名镇志、名街志、名村志打造成为堪存堪鉴的精品志书，仅靠现有的史志工作机构是难以实现的。目前，我们面临的困难是多方面的，既有青黄不接、人才短缺，也有研究不足、经验匮乏。一些社会力量参与到基层志书、年鉴的编纂工作中，存在着政治站位不高、政策把握不准、水平参差不齐等问题。但是，市史志办在调研中也看到，社会各界对参与编修名镇志、名街志、名村志有较高的积极性、主动性，许多基层村镇、街道表示愿意借助这项工作打造文化品牌，推动当地经济社会发展。因此，在今后编纂工作中，要坚持从凝聚共识入手，着力形成团结一致、高效运转的强大合力，构建优势互补、复合型、专业化的新型协作体系。

以上是市史志办在郑州市名镇志、名村志、名街志文化工程中的一些尝试，不足之处敬请批评指正，以便在今后工作中认真加以改进。

郑州市地方史志办公室

2022 年 11 月

凡 例

一、指导思想　以马克思列宁主义、毛泽东思想、邓小平理论、“三个代表”重要思想、科学发展观、习近平新时代中国特色社会主义思想为指导，坚持辩证唯物主义和历史唯物主义的立场、观点和方法，客观、系统记述村落发展变化进程和改革开放成果，传承和抢救乡土历史文化，激发爱国爱乡情怀，为探索城镇化建设、社会主义新农村建设的发展经验、发展模式、前进道路提供历史智慧和现实借鉴。

二、时间断限　为全面反映入志事物发展脉络，各志上限尽量追溯至事物发端；下限一般断至各村志启动编修年份，个别重大事项可延至搁笔。

三、记述范围　记述地域范围以下限年份的行政辖区为主。为体现名村在更大区域内的意义，可以从更开阔的区域视野记述与该村相关的内容。

四、总体结构　统一采用纲目体，设类目、分目、条目三个层次。横排门类，纵述史实。除《中国名村志丛书基本篇目》要求的必设类目外，其余类目根据各村实际，依照突出时代特色、地方特色的原则自行安排。

五、体裁形式　综合运用述、记、志、传、图、表、录等各种体裁，以志体为主。

六、语言文体　除引用文字和附录文献资料外，统一使用规范汉字及现代语体文记述体。记事坚持秉笔直书、述而不作，只记事实，不作评论，寓观点于材料之中。行文力求朴实、严谨、简洁、流畅、优美，具有较强可读性。

七、人物载录　本志设“历史名人”与“名人与名村”两个分目。“历史名人”遵循“生不立传”原则，按生年排序。只选录对本村发展有重大影响的历史人物，不面面俱到。“名人与名村”收录在政治、经济、文化、社会等方面有重大影响的著名人物（政治家、艺术家等）在本村的活动和对本村发展所作的贡献。

八、图照表格　志中随文配图，图下设文字说明，图文并茂。图、照和表格各志统一编排序号。

九、数据　所需数据一般采用政府统计部门数据，无政府统计部门数据时选用主管部门正式提供的数据。

十、计量单位　采用国务院1984年2月发布的中华人民共和国法定计量单位。历史上使用的计量单位，如斗、石、里、尺、磅、华氏度等，在引文时可照录，但以类目为单位首次出现时应加注。

十一、纪年　自中华民国成立后的纪年，均使用公元纪年。志中所称“解放前（后）”，以当地解放日为界；“新中国成立前（后）”，以中华人民共和国成立日1949年10月1日为界；“改革开放前（后）”，以中共十一届三中全会召开的1978年12月为界。

十二、称谓　记事概以第三人称角度记述。人名直书其姓名，必要时冠以职务职称。地名以现行标准地名为准。如使用历史地名，于每个条目首次出现时括注现行地名。各个历史时期的党派、团体、组织、机构、职务等均以当时名称为准。对于称谓过长而又频繁使用者，于首次出现时使用全称并同时括注简称，之后使用简称。

十三、数字、标点　遵循国家标准和出版规定，志中数字书写以GB/T 15835—2011《出版物上数字用法》为准，使用标点符号以GB/T 15834—2011《标点符号用法》为准。

十四、注释　行文中的注释一律采用当页下脚注；附载文章于篇后注明资料来源。

十五、本凡例对于各村志编纂中的未尽事宜，均在“编纂始末”中予以说明。

目　录

概述

中岳庙社区朝霞

中岳庙社区位于登封市东城区西部，是古代官、民祭祀中岳嵩山的举办地。据记载，从汉武帝开始至清末光绪帝，亲至、遣使到中岳庙致祭中岳嵩山的帝王有 65 位。同时，历代地方官吏和民间祭岳礼仪活动持续不断。千百年来，丰富多彩的礼制文化在这片土地上传承创新，积淀了丰厚的文明底蕴，集祭祀与物资交流于一体的中岳庙会则是商贸经济与礼制文化完美结合的成功范例。今天，在全面推动县域高质量发展，不断满足人民群众对美好生活的需要，奋力开创具有大景区城市特质的现代化美丽登封建设新局面下，中岳庙社区充分利用得天独厚的资源禀赋优势，书写着新的时代传奇。

一

中岳庙社区地处嵩山风景名胜区、嵩山世界地质公园、嵩山国家森林公园的核心区域，社区内的太室阙、神道、中岳庙院、黄盖峰中岳行宫、青童峰青岗坪庙与嵩山南北相望，

构成一组完整的祭岳中轴线，使庙与山自然地融为一体，成为嵩山文化与自然景观的主要组成部分，具有不可替代的历史、艺术、科学和观赏价值。

嵩山，是中国五岳名山中的中岳，古称天室山、太室山、嵩高山、崇高山等。周平王东迁洛邑以后，“以嵩位中央，左岱（泰山）右华（华山）”，为“天地之中”，故称嵩山为中岳。所以，《史记·封禅书》记载：“昔三代之君，皆在河洛之间，故嵩高为中岳，而四岳各如其方。”天册万岁元年（695 年）武则天封禅嵩山时，改中岳为神岳。自北宋以降，俱称中岳嵩山，至今沿而不改。嵩山由太室山、少室山组成，两山各有 36 峰，共计 72 峰，峰峰有名，峰峰有典，嵩山是其总名。主峰峻极峰在太室山，海拔 1491.7 米，峻拔巍峨，是古人认为接天通地的地方。有史可查巡狩、亲至、望祭、遣使祭祀和封禅中岳的帝王有 73 位。1978 年登封县对外开放以后，中岳庙社区每年都要接待大量中外游客，每年的“五一”“十一”假期及春节形成中岳庙旅游三大高峰期，因旅游业而兴起的旅游产业链，带动了社区经济的全面发展，居民的经济收入因旅游经济的增长而迅速提高。到

嵩山

中岳庙社区

清康熙三十五年（1696 年）刊印的《嵩岳庙史》中的“中岳庙形胜图”之一

代中国特色社会主义思想为指导，深入贯彻落实党的二十大精神，弘扬伟大建党精神，紧扣习近平总书记关于河南及郑州的重要讲话指示精神，坚持党的全面领导，坚持以社区居民为中心，坚持新发展理念，全面推动社区高质量发展，打造“经济发展、文化繁荣、环境优美、管理有序、生活和谐”的现代化美好社区。紧紧围绕建设“美丽宜居中岳社区”的目标，已建成新型社区 4 个，做好中岳庙馨园人居环境改善和基础设施提升，获得“全国民主法治示范村（社区）”“河南省卫生居民小区”等荣誉称号。如今 316 省道、郑少洛高速公路穿境而过，助推文旅事业快速发展、产业经济迅速腾飞。

民心所望，未来可期。中岳庙社区在中共中岳街道工作委员会、中岳街道办事处的带领下，按照登封市委、市政府建设“美丽登封”的总体要求，充分发挥中岳庙社区独有的文化资源优势，加快产业转型升级，大力实施社区振兴战略，加快推进“山之美、水之美、文之美、业之美、城之美、乡之美”建设，完成房屋拆迁和土地流转，全力把中岳庙社区打造成彰显文化之韵、山水之秀、人文之美的“美丽宜居新社区”。

清康熙三十五年（1696年）刊印的《嵩岳庙史》中的“中岳庙形胜图”之二

中岳庙社区鸟瞰

社区基本情况

LOCAL RECORDS OF ZHONGYUEMIAO

中岳庙社区原为中岳庙村，位于登封市中岳街道办事处西部，地处中心城区与东城区的接合部。2020 年 5 月 19 日改称社区。辖区北依北高庄村，南连东十里铺社区，东邻新店社区，西接嵩阳街道办事处阳城路社区。社区北起环山旅游公路，西至阳城路，南过郑少洛高速公路，东到福佑路。东西长 2.1 千米，南北宽 3.1 千米，占地 580 多公顷。其中耕地面积 470 公顷，荒山面积 40 公顷，居民拆迁区域 40 公顷，馨园等 6 个居民区占地面积 32.8 公顷。社区居民分布在中岳庙周围，下辖馨园、观山悦、太室公馆、林场家属院和西天中街、东天中街未拆迁民居等 6 个居民区，6 个居民小组，共有居民 1659 户，5137 人，汉、回两个民族。社区背靠太室山，面对玉案山，西依望朝岭，东傍牧子岗，南部圣水池河水自西向东蜿蜒注入五渡河后汇入颍河。社区居民区与中岳庙互为依存，山环水抱，林木葱郁，环境清幽，适宜居住。

中岳庙社区鸟瞰图

建置沿革

社区名称由来

中岳庙社区的前身是中岳庙村，古称天中街，因天中阁而得名，阁西称西天中街、阁东称东天中街，天中街是其总称。因庙院东华门、西华门和天中街相通，又俗称天门街，有人将字音念转为天明街。20 世纪 50 年代曾称庙上村，60 年代初以中岳庙为村名。

辖区变迁

宋绍圣元年（1094 年）至崇宁五年（1106 年），登封县下设乡，天中街属天中乡。

明洪武年间（1368—1398 年），登封县划分 44 里，天中街属大宁里。

明万历年间（1573—1619年），登封县改为36里（保），天中街属大宁保。

清代，登封县归并为10里8镇（店），天中街属大唐里（今唐庄镇）。

1934年，登封县设8区，区下划分43个联保处，350个保，天中街保属中岳庙联保处，归唐庄区管辖。

1941年，登封县撤销区署、联保处，划为8镇，天中街保下设3甲，属唐庄镇管辖。

1948年5月，登封县解放，全县划分为7个区194个行政村，天中街改称庙上村，属第一区（城关）管辖。

1950年，城关区划分17个小乡，庙上村属中岳乡。

1956年5月，登封县划分为23个中心乡和65个一般乡，庙上村属中岳乡，归城关中心乡管辖。

1957年，登封县又划分为6个区和81个小乡，庙上村属中岳乡，划归唐庄区管辖。

1958年3月，小乡撤销，唐庄区成立卢店、唐庄、玉台、三官庙、中岳庙5个中心乡，庙上村属中岳庙中心乡。

1958年10月，全县建立7个人民公社，中岳庙中心乡划归城关（嵩山）人民公社管辖。

中岳庙东天中街　宫嵩涛 摄

1961年，农村以大队为核算单位，庙上村更名为中岳庙生产大队（简称中岳庙大队），下设6个生产队，隶属城关人民公社管辖。

1964年秋，北高庄、孙窑、徐家沟、闫家等自然村合并到中岳庙大队，下设11个生产队。

1966年冬，北高庄、孙窑、徐家沟、闫家等自然村从中岳庙大队分出，成立北高庄大队。中岳庙大队仍由西天中街、东天中街的6个生产队组成。

1982年6月14日，城关人民公社改为城关镇人民政府，中岳庙大队改为中岳庙村民委员会，下设的6个生产队改称村民组。

1995年6月，中岳庙村整体划归中岳经济开发区管理委员会管辖，同时将中岳经济开发区更名为中岳工业区，并设立了党委。

2000年6月8日，经河南省政府批准，登封市人民政府撤销城关镇，成立中岳街道办事处；撤销中岳庙村民委员会，设立中岳庙居民委员会，划归中岳街道办事处管辖。

2020年5月19日，根据《登封市人民政府关于调整优化嵩阳、中岳、少林街道社区设置及村改居的通知》精神，中岳庙居民委员会调整为中岳庙社区居民委员会，隶属中岳街道办事处管辖。

西天中街清代建筑郭家院　宫嵩涛 摄

东天中街清代建筑　宫嵩涛 摄

西天中街清代建筑付家院　宫嵩涛 摄

西天中街第四村民组清代建筑　宫嵩涛 摄

所辖居民区

截至 2021 年 4 月，中岳庙社区辖馨园、观山悦、太室公馆、林场家属院和中岳庙西天中街未拆迁居民区、东天中街未拆迁居民区等 6 个居民区。

馨园居民区　2008 年开始建设，2009 年 9 月建成入住，占地面积 12 万平方米。36 栋楼房，其中居民居住楼 34 栋、党群服务中心 1 栋、幼儿园 1 栋。居民居住楼均为 6 层，党群服务中心 4 层，幼儿园 3 层。小区东、南临街楼下一层为商铺；小区内居民居住楼下 1 层为车库，其上为居民住宅。现有住户 1100 户，其中中岳庙村拆迁居民 979 户 2776 人、外来买房居住居民 121 户。

观山悦居民区　在馨园居民区南，2013 年建成交房，整个居民区占地 46233 平方米，绿化率达 38% 以上，居民楼 18 栋，10 层，楼间距 37 米，地上建筑面积 69265 平方米，其中住宅 57810 平方米，商业用房 11455 平方米。商业用房位居小区南、东、北三面的 1 层、2 层，面朝街道。小区内居民楼下一层是杂物存放间，上为居民住宅。整个小区可居

馨园居民区

观山悦居民区

住 460 户。截至 2021 年 4 月 30 日，入住 310 户，1085 人。地下总建筑面积 20010 平方米，其中地下室 7010 平方米，车库 13000 平方米。

太室公馆居民区 位于中州华鼎酒店西南，南邻馨园，2013 年建成，原为办公楼房，占地面积 1802 平方米，高 5 层。2019 年改建成住宅，16 单元，建筑面积 9010 平方米，114 套住房，现入住 26 户，61 人。

林场家属院居民区 位于老林场及其北侧，1990 年开始由国有登封林场干部职工自己出资陆续建设。后来也有林场职工把宅基地出售给非单位人员建房居住。截至 2021 年 4 月 30 日，该家属院有商品住宅楼一栋，砖混结构，高 4 层，3 个门洞，1 层面临少林大道的房屋为门店，上 3 层为住房，共 18 套住房；独家小院 76 户，均为砖混结构，前后 10 排，每排或 6 户或 7 户不等。每家小院占地 2.5 分左右，上屋多为 3 层，少数 2 层或 4 层，厨房在东厦屋。居住 86 户，334 口人。

西天中街未拆迁居民区 地处西天中街老街西，少林大道北。均为 2008 年未拆迁的居民住宅，共 174 户独家小院，楼房多为 3 层、少数为 4 层、5 层、6 层，其中属中岳庙村 1 组、2 组居民的 117 户、外来购地建房的居民 57 户。该街的东端路南尚存古槐 1 株。

太室公馆居民区

林场家属院居民区

西天中街　宫嵩涛 摄

东天中街南拐 宫嵩涛 摄

东天中街未拆迁居民区 地处东天中街老街东门外，少林大道北。均为2008年未拆迁的中岳庙村居民住宅，共25处独家小院，其中5组居民23家、4组居民1家、6组居民1家。均为3层。该街西端路北尚存古皂角树1株。

区位交通

中岳庙社区的交通道路有三种：一是过境交通道路，如316省道、郑少洛高速公路等；二是社区街道，如少林大道、颍河路、玉带路、福佑路等；三是中岳庙院东西两侧旅游、消防道路，如西庙路拐、东庙路拐等。这三种道路构成社区纵横相通的街道，出行方便。

316省道（少林大道）

东起福佑路，西至市区阳城路，社区辖区路段全长1.72千米。1962年始修筑中岳庙前路段；1985年3月，按二级公路标准拓宽改造；1992年，为迎接郑州国际少林武术节

316 省道（少林大道）东段

的举办，对路面进行提升；2003 年 2 月 20 日动工，按照二级公路标准设计，路基宽 16 米，路面宽 14 米，11 月 20 日完成；2004 年，按二级公路改建，路面宽 16 米，路基宽 17 米，设花坛 2 × 5 米，慢车道 2 × 6 米，同年 9 月竣工。2020 年，路两侧增设城市慢行系统，宽 4 米。

郑少洛高速公路

西起市区阳城路，东至新店社区，社区辖区郑少洛高速公路路段全长 1.72 千米。2002 年 11 月 20 日开工修建，2005 年 8 月 12 日正式通车。路基宽 26 米，其中行车道为 2 × 3.75 米双向四车道，中间带宽 3.5 米，两侧各设 2 × 3 米的硬路肩和 2 × 0.75 米的软路肩。设计行车速度为 100 千米 / 小时。

郑少高速中岳庙社区段

西庙路拐

西庙路拐位于中岳庙西围墙外，南起少林大道，北至中岳庙北围墙，全长 0.7 千米。路宽 5 米余，沙土路面至迟唐宋之际已经成路，为游庙道路，兼具消防通道功能，至今已有 1000 多年的历史。

东庙路拐

东庙路拐位于中岳庙东围墙外，南起少林大道，北至中岳庙北围墙，全长 0.7 千米。路宽 5 米余，沙土路面至迟唐宋之际已经成路，为游庙道路，兼具消防通道功能，至今已有 1000 多年的历史。

社区距郑州火车站、郑州长途汽车站约 62 千米，距郑州东站约 80 千米，距郑州汽车客运总站约 70 千米，距新郑国际机场约 82 千米，距登封客运总站 2.8 千米。

社区西距登封市委、市政府所在地约 2.75 千米，东距中岳街道党工委、中岳街道办事处约 5.4 千米。

西庙路拐 宫嵩涛 摄

东庙路拐　宫嵩涛 摄

自然环境

地　形

中岳庙社区属于深低山和浅低山相间区域，西北高、东南低，海拔在 300~1000 米，背靠嵩岳太室山黄盖峰、青童峰、浮丘峰、遇圣峰，面对玉案山，西依望朝岭、懊来山，

中岳庙社区全景

黄盖峰

西依愌来山

玉案山

东有牧子岗，群山环抱，错落有致，山林葱郁，清幽静谧。社区位居山地中央盆地，南部圣水池河水自西向东贯穿整个社区。河的两侧土地肥沃，物产丰富，美丽富饶。

山　脉

中岳庙社区境内有大小山峰（脉）6座，其中青童峰、黄盖峰、浮丘峰系嵩岳太室山36峰中的3座山峰。清康熙三十五年（1696年）《嵩岳庙史》记载：“嵩峰虽多，其附岳庙者惟此。”玉案山、望朝岭、懊来山为太室山南麓余脉，皆矗立环绕在中岳庙社区周围，重峦叠岭，拱绕拥护，藏风聚气。

青童峰　在黄盖峰北，海拔959米。明隆庆五年（1571年）陆柬《嵩岳志》记载：“汉武帝见二青衣童子捧书来迎，欲问，俄失之。”岳庙之后卫也。峰前隆起高大的陡坡，登山古道呈“之”字形盘绕其上，俗称“好汉坡”，坡下道旁巨石上刻有清乾隆皇帝御制《谒岳庙》五言诗一首。峰巅平阔，人称青岗坪，有中岳行宫、青岗坪庙，庙东及后沟有中岳庙社区田地数十亩。

清嘉庆元年（1796 年）十一月黄易绘制的《中岳庙图》（图中有岳庙、东西天中街、太室阙、黄盖峰及亭、愌来山及文峰塔等文化与自然景观。该图现存故宫博物院）

青童峰

黄盖峰 古名神盖山，在中岳庙后，海拔 880.9 米，像一座华丽的屏背矗立庙后。《说嵩》形容其“端重员整，隐秀如扆”。明隆庆五年（1571 年）陆柬《嵩岳志》载：“太室之峰曰黄盖，岳庙在峰下。汉武帝获玉人时，东南峰上有黄云如盖，故名。按：卢元明《嵩山记》曰：‘岳庙画为神像，有玉人高五寸，五色甚光润，制作亦佳。’”清《嵩岳庙史》记载：“黄盖峰，汉武帝登嵩时，有黄云如盖，故名。”金黄久约《重修中岳庙记》碑称黄盖峰为神盖山。此峰向南延伸直至岳庙后墙。从庙后墙起沿山脊北行，是古代登嵩山的起始地。1982 年嵩山风景区管理局从御书楼后至黄盖峰顶铺筑登山步道 600 米，登山台阶 501 级。峰巅八角重檐黄琉璃瓦亭为清代建筑，名曰中岳行宫。因亭位于黄盖峰上，俗称黄盖亭。亭南数株古柏或偃卧、或斜挺、或耸立，点缀其间，景色独秀。

黄盖峰

浮丘峰 在中岳庙西北，海拔 880.9 米。相传西周仙人浮丘公曾居此修炼得名。《嵩岳庙史》记载："浮丘峰，浮丘公曾居此，故名。"此峰耸然特秀，高出云表。峰顶正南稍偏下的山崖边，有一自然形成的石人，手持拂尘，盘腿端坐，首微俯，呈静心修行状，传称浮丘公像。峰顶偏北山坡上，有一自然山石形成的石马，马头朝北，传言西周灵王太

浮丘峰

子晋随浮丘公入嵩山修道之坐骑。峰东山谷北崖有一石洞，名“浮丘洞”，亦传浮丘公居此，为著《相鹤经》的地方。当地俗称“大石窑”。峰南拖如伸臂，为“望朝岭”。峰之东南隆起一座轮囷硕大的山坡，当地俗称“正门顶”，斜滑至中岳庙后而止。“正门顶”有社区第 4 居民组山坡地 65 亩。峰东麓山谷口偏北“大石板”，石坪如坻，为浮丘公静修处；再往里的“小石板”，为太子晋修真处。

玉案山 亦称玉案岭，在中岳庙南，海拔 419.5 米，山顶平坦，多农田，有泉水一眼，当地称水泉。西起懊来山东南，经中岳庙社区南部，逶迤往东至告成镇竹园村止。其形衡长如案，土多石白，故名。《嵩岳庙史》称其“为岳庙前案”。山巅最高处正对中岳庙中轴线。

望朝岭 在中岳庙西，北连浮丘峰，南接懊来山，海拔 454.09 米，山不甚高，山体为裸露的岩石攒簇而成，岭上柏林茂密郁葱。关于岭名由来，《嵩岳庙史》记载：“洛巩士女谒庙者，至此遥望峻极殿，辄东向拜，故名。”清康熙三十二年（1693 年）至三十三年（1694 年），登封知县张圣诰拟于岭巅建万岁阁，河南巡抚衙门为了不给地方百姓增加负担，没有批准，未开工即行作罢。1997 年，河南省嵩山风景名胜区管理委员会在岭巅南部砍树、挖石、辟基，创建亭、阁各一座。迎仙亭，六角攒尖单檐黄琉璃瓦覆顶仿古建筑，混凝土结构。亭北是迎仙阁，混凝土结构，六角三层楼阁式黄琉璃瓦覆顶仿古建筑，阁门面西，阁前宽阔的青石踏道，由山麓直通岭顶阁门前。

望朝岭

愰来山

愰来山 在中岳庙社区西南，北与望朝岭相接。海拔 431.77 米，屹然孤耸，独当一面，民间俗称蝎子山，《说嵩》引《广博物志》云：“山是蜀中来，与嵩山争高而不胜，故名愰来”。山顶建有文峰塔，后毁。明崇祯二年（1629 年）登封知县郝弘猷重建，塔呈四角三层楼阁式建筑。清代中晚期废毁。1997 年，河南省嵩山风景名胜区管理委员会在山顶建文峰亭，为六角重檐攒尖黄琉璃瓦覆顶仿古建筑。

河 流

圣水池河 中岳庙社区段全长 2 千米，地处社区南部，当地居民俗称南河。《说嵩》称此河名“圣水池河”，泉眼有三，出愰来山南麓、北麓和东麓；社区区域内支流有二，一是发源于中岳庙院东侧偏北百余米处的圣水池，二是源出庙院西北数百米处浮丘峰南麓峡谷中的溪水，两水皆南流，分别经西天中街、东天中街，汇入河中。河原无名，因中岳庙圣水池水流入河中，清景日昣遂称此河名曰“圣水池”。河流自西向东偏南流经中岳庙社区、新店社区、黄楼村，注入五渡河，再南汇入颍河。

土　壤

辖区土壤以褐土为主，分白善土、红黏土、耕种褐土性土等土属，分布在海拔300~960米的浅低山丘陵和谷地两侧的阶地上，上限与棕壤土相连，下限与潮土相接。根据土样化验结果，耕地肥力状况为富钾、少氮、极缺磷，按照土壤养分含量分级标准，耕地养分含量较差。

社区还有少量棕壤土地，分布在海拔800米以上的高山地带，位于浮丘峰东南正门顶和青童峰顶青岗坪及后沟，山顶土壤呈弱碱性、山顶偏北沟谷的土壤呈弱酸性。一年只种收一季玉米。

气　候

中岳庙社区属暖温带大陆性季风气候，地形复杂，除山地外，尚有丘陵和谷地。气温年际变化明显，冬季严寒，夏季炎热，气候干燥，雨雪较少，四季分明。春季为当年的3—5月，夏季为6—8月，秋季为9—11月，冬季为12月至次年2月。年平均温度为14℃，历史记录最高温度为40.5℃（1972年6月11日），历史记录最低温度为-14℃（1979年1月31日）。年均降水量604.6毫米，年均湿度在60%以上。全年无霜期达240天以上，植物生长期可达265天以上。

社区北部土地

社区南部土地

青岗坪土地

中岳庙社区春

中岳庙社区夏

中岳庙社区秋

中岳庙社区冬

植物资源

中岳庙社区地处深低山和浅低山相间区域，气候干燥，阳光充沛，适宜种植小麦、玉米、红薯、花生、豆类、谷子、高粱、芝麻、向日葵、油菜等粮油作物。夏以小麦为主，秋以玉米为主，其他作物之间种经济作物。

果树种植有枣树、苹果树、石榴树、柿子树、梨树、桃树、杏树、樱桃树等。

药用植物有土藿香、野豌豆、女贞子、石榴皮、鬼针草、马鞭草、青蒿、蒺藜、桑叶、狗尾草、野菊花、地骨皮、茜草、楮实子、马兰、海蚌含珠、酸浆草、反枝苋、乌蔹莓、柏子仁、二丑、牻牛儿苗、小飞蓬、苦地丁、牛筋草、洋金花、葎草、莴苣、无花果、龙葵、桐蕾、野地黄、萝摩、枣仁、苦楝根皮、商陆、洋芋、白毛藤、星星草、水红花、苘麻子、梧桐、车前草、蒲公英、苍耳、皂刺、白蒺藜、犁头草、金银花、榆树、瓜蒌根、夏至草、杏仁、凤尾蕨、丁香、马齿苋、萎陵菜、防丰、打碗花、伸筋草、香附子、地丁、狗牙草、小蓟、玉米须、牡荆子、小叶冬青、蓖麻籽、益母草、山楂、地锦、槐角、泽膝、首乌、红蓼、土黄芪、萹蓄、蜀羊泉、圆叶锦葵、五色梅、万寿菊、荚竹桃、凌霄花、枇杷叶、腊梅、白梅、月季、牡丹皮、陈皮、风眼草、桃仁、香元、牡荆花、芦荟、南天竹、

柏树

社区植被

向日葵种植

油菜种植

桃花

茄根、白薇、豨莶草、锦鸡儿、猪毛菜、黄荆、佛手、木瓜、金边舌兰、昙花、吊竹、文竹、虎皮兰、美人蕉、瓦松、急性子、紫荆花、蛤蟆棵、角蒿、驴干粮、白毛根、樱桃、艾、半夏、旋复花、杠柳、花椒、人字草、野苜蓿、蛇含萎陵菜、苋菜、茵陈、地肤子、铃铃草、苦燕苗、香椿、黄杨、祁州漏芦、柿蒂、葶苈子、核桃、乌桕树、卵叶鸭跖草、南瓜子、地梢瓜、天花粉、桂花、独行菜、侧柏叶等数百种。

人口民族

人口总量

中岳庙社区居民有两种：一是有户籍的居民，即中岳庙村原住民；二是近年在社区购房居住的居民。据《嵩岳庙史》记载，清康熙年间天中街居民 120 家。2008 年以后，随着馨园、观山悦、太室公馆等居民小区的先后建成，来此购房居住的居民渐多。2020 年 5 月，林场家属院划归中岳庙社区管理。截至 2021 年 4 月 30 日，社区管辖 6 个居民区有居民 1659 户，5137 人，其中有户籍居民 1035 户，3000 人；购房居住居民 624 户，2137 人。

中岳庙社区全景

馨园居民区

观山悦居民区

太室公馆居民区

源流迁徙

中华人民共和国成立以前，中岳庙天中街居民以商人居多，居民根据生意的兴衰，决定居住时间的长短，流动性较大。民国 31 年（1942 年）前后，因灾荒原因，部分村民外出逃荒；也有少量外地逃荒人员定居中岳庙天中街。

中岳庙会人流不息

民族构成

辖区居民有汉族、回族两个民族，以汉族为主。民国 24 年（1935 年）迁入回族两家，1956 年迁走一家。截至 2021 年 4 月 30 日，有回族居民 9 户，30 人。

姓氏组成

辖区姓氏有梅、姚、程、袁、王、杜、赵、何、付、张、申、郜、孙、康、胡、温、范、刘、苏、尚、李、麻、白、梁、窦、陈、谢、高、朱、郭、郑、耿、宋、马、杨、董、曹、黑、韩、景、冯、顾、弋、靳、闫、牛、贾、乔、柴、焦、孔、侯、吴、卢、于、常、邓、职、霍、席、佘、段、周、薛、郝、浦、智、孟、宫、曾、欧、史、唐、岳、崔、裴、徐、屈、睢、彭、毛、潘、雷、郃、邱、凌、夏、兰、燕、黄、贺、尹、丁、聂、罗、任、万、术、魏、逯、晋、方、甄、安、狄、肖、邵、庞、刁、栗、曲、姬、许等 113 姓。

社会发展

学校教育

中岳庙社区历来重视和支持教育。明清时期，村内办有私塾。1937 年，河南私立艺术师范学校迁入中岳庙。1938 年，省立武陟中学迁入中岳庙，初中六班，学生 230 人。1944 年 5 月，登封沦陷，两校迁走。1950 年上半年中岳庙小学开办，教室先后设在西天中街议事厅、庙院太尉宫、天中阁阁楼等处，1953 年陆续迁入新建竣工的校园（俗称西学），校址位于西天中街西端路北，校园北墙外是操场。

1975 年秋，中岳庙小学附设初中班。1980 年秋季，初中班撤销，合并到新店初中。1988 年秋季，中岳庙学校重设初中班，1996 年秋季又合并到新店初中。

1977 年秋季，中岳庙小学附设高中班，2 年制教学，在龙王庙大殿内上课。1979 年秋季解散。

2008 年初春，中岳庙村拆迁，学校合并到中强学校。

太尉宫

天中阁

中岳学校　宫嵩涛 摄

1996年秋，中岳庙小学幼儿园开办。2008年初春，搬迁到馨园，现有幼儿教学楼一座，3层，教学设施齐全。2021年4月底，有在职教师38人、学生292人。

医疗卫生

1956年中岳庙大队卫生所成立，设在西天中街东段路南付大茹家临街屋，后迁到路北大楼二楼，1976年搬到少林大道南，2008年初春移址馨园。1970年实行合作医疗，卫生所设备由大队购置，服务群众看病。2003年农村实行新型合作医疗。2008年实行基本药物制度，药价实行零差价销售，全部药品统一从卫生部门购进，在中岳街道办事处卫生服务中心指导下，为社区居民提供常见病、多发病诊治，负责社区老人、妇女、儿童等重点人群保健工作，落实国家基本公共卫生各项服务项目。村卫生所于2010年更名为中岳庙居委会卫生室。

历史老照片社区卫生服务站 宫嵩涛 摄

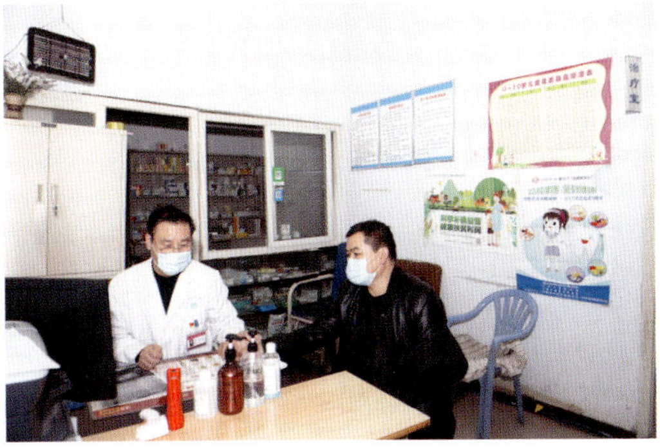

中岳社区卫生服务中心

群众社保卡办理

群众文化

中华人民共和国成立前，中岳庙社区文化活动相对较为活跃，每年三月庙会、十月庙会和春节、正月十五期间有唱戏、说书、皮影、社戏表演等活动。中岳庙大殿前还保存着宋金时期的戏台，距今已有千余年的历史。

社区群民跳广场舞

社区戏剧演出

社区居民打篮球

社区居民健身

中华人民共和国成立后，除保留原有的传统民间文化活动外，1954 年，登封县文化馆电影放映队首次在中岳庙村放映电影，以后成为常态。现在社区图书室、网络中心、健身娱乐室等对居民开放，深受社区广大居民欢迎和好评。

社区居民舞狮

社区居民生活

衣 中华人民共和国成立之前，中岳庙社区的居民几乎家家都种棉花，纺花织成粗布，以黑色、白色为主。

中华人民共和国成立之后，社区居民衣着发生明显的变化。随着物质生活水平的逐渐提高，人们的观念更新，不再满足于单调的着装方式。进入 20 世纪 90 年代，穿衣注重美观、大方、时尚，各式各样的大衣、休闲服装、皮草、T 恤衫、羽绒服等进入寻常百姓家。进入 21 世纪，人们着装更追求个性、品位和品牌。

食 中华人民共和国成立之前，中岳庙社区居民生活清苦，农忙季节、逢年过节、来重要客人时，一日三餐会丰盛一些，常见的有或荤或素的杂烩菜、油条、肉臊子面条、鸡蛋捞面、蒜汁捞面等；农闲和平常时日，一日三餐多以红薯、玉米、高粱等粗粮为主。

中华人民共和国成立初期，随着生产力的提高，农业有了较大发展，粮食产量持续增加，农民生活不断改善。村民以生产队为单位，集体种植小麦、玉米、豆类等粮食作

馨园社区全貌

观山悦全貌

物以外，还种植了芝麻、花生、苹果、西瓜、油菜等，丰富群众日常饮食种类。改革开放以后，人民群众的生活水平得到进一步提高，一日三餐全部有细粮，鸡鸭鱼肉逐渐成为日常饮食中常见的食材。进入 21 世纪，饮食观念不断更新，人们更加讲究营养的合理搭配、食物的绿色健康。

住 中岳庙社区传统民居建筑布局均为多进四合院形式，类型为木结构房屋，虽有冬暖夏凉的作用，但房屋比较低矮，门窗较小，透气、采光性能差，并不是很舒适。

从 20 世纪 90 年代开始，陆续出现砖混结构的别墅式独家小院，房屋内外装修考究。2008 年春，天中街民居拆迁，馨园小区建设开始，2009 年 9 月竣工开始入住，共建成居民住宅楼 36 栋（包含 1 栋党群服务中心、1 栋幼儿园），1224 套。

行 中华人民共和国成立前，中岳庙社区居民出行交通落后，以步行为主，只有少数人家以畜力为交通工具。20 世纪 70 年代末 80 年代初，自行车渐多。90 年代，交通工具以摩托车、机动三轮车、面包车为主。21 世纪以来，大多数家庭购置了小轿车，自驾出行成为新时尚。近年来，新能源汽车作为交通工具日渐增多。

社区停车场

电动车充电棚

社区建设

供　水

1990 年以前，中岳庙村居民主要通过 3 眼共用井，挑水食用。2008 年以前，各户院内自建深水井用水。2009 年 9 月以后，馨园居民使用城市自来水；2012 年 10 月，打一眼 360 米深水井用水；2021 年 2 月，改为以城市自来水为主，社区深水井为辅助的用水模式。

2013 年，观山悦居民区铺设自来水供水管网 3500 米，使用城市自来水。

2019 年，太室公馆使用中州华鼎酒店供水系统供水。

林场家属院用水以城市自来水为主，少数使用自建深井水。

2015 年 6 月，在西天中街西侧居民区北侧打一眼 260 米的深水井，供居民用水。东天中街东侧居民用水使用自建深井。

馨园社区供水塔

供 电

中华人民共和国成立前，辖区居民照明使用煤油灯或蜡烛，灯油为棉籽油、豆油。

1965年，卢店35千伏变电站由省商业厅移交登封，送电到县城，中岳庙村顺路用电。但不稳定。1980年以后，全村几乎户户通电。2008年，馨园安装高压配电柜4个，使用

馨园社区配电柜

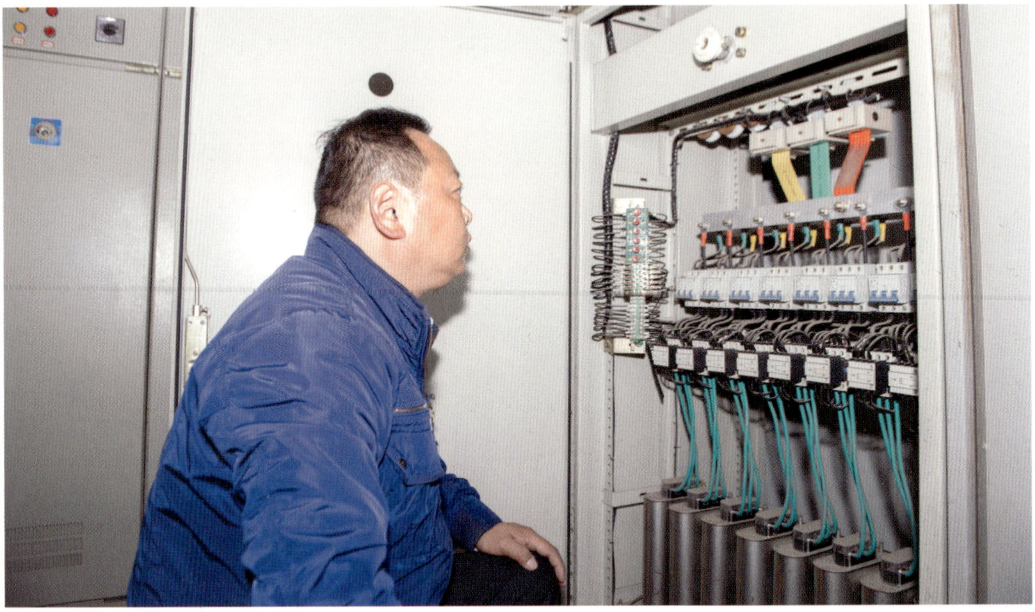

社区用电检查

容量达 630 千伏变压器 4 个，供应日常居民用电；另外又安装高压配电柜 4 个，安装容量达 500 千伏变压器 4 个备用。

2013 年，观山悦居民区安装高压配电柜 4 个，其中容量达 1000 千伏变压器 3 个、容量达 1250 千伏变压器 1 个。

太室公馆使用中州华鼎酒店变压器用电。

林场家属院使用矿山救护队变压器用电。

目前，社区居民生活用电有充足的保障。

供　气

2013 年，社区馨园、观山悦、太室公馆安装 DN50 中压燃气管线，居民家中接通天然气，方便了生活。

林场家属院、西天中街未拆迁居民区、东天中街未拆迁居民区尚铺设天然气管网。

供　热

2015 年以前，中岳庙村居民取暖主要用煤炉。

2013 年，观山悦居民区建成即开始集中供暖。

2015 年 11 月，馨园居民区架设热力管网 5345 米。2017 年 12 月，开始集中供暖。

2019 年，太室公馆居民区集中供暖。

林场家属院、西天中街未拆迁居民区、东天中街未拆迁居民区尚未铺设热力管网。

馨园社区供热站

馨园社区供热管道

排　水

2008年，馨园建成，铺设排水管网2800余米，排放生活污水、地表雨水，接入城市排水系统；2013年，观山悦铺设排放污水管网2204米、雨水管网1460米，接入城市排水系统；2019年，太室公馆排水系统接入中州华鼎酒店排水系统；林场家属院排水管网接入城市排水管网。

绿　化

社区背依嵩山，自然生态良好。馨园内行道路两侧，种植雪松、法桐、银杏、枇杷、玉兰、女贞、杏树、石楠、合欢、木檀、百日红、桂花等树种，建设游园4个，环境绿化较好。

观山悦居民区行道路两侧种植槐树、柳树、海棠、桂花、桃树、枇杷、塔松等数十个树种，地面种植草皮，绿树成荫，生态环境良好，整个院区绿化率达到38%以上。

林场家属院位于嵩山浮丘峰南麓，西侧紧靠望朝岭，柏树、洋槐树等林木茂密成林。

太室公馆位于中州华鼎酒店区域内，绿化环境良好。

社区环境绿化

少林大道绿化

环境卫生

社区馨园、观山悦、太室公馆、林场家属院等居民区设置垃圾箱 238 个、公厕 5 座，共用 1 座垃圾中转站，登封市统一安排 1 辆垃圾转运车负责运送垃圾，做到“日产日清”。市里统一安排洒水车、自动洗扫车，负责少林大道、颍河路、福佑路、玉带路洒水、洗扫，保持人居环境卫生整洁。

社区福佑路

党建政事

中共登封市中岳街道中岳庙社区总支部委员会

中共登封市中岳街道中岳庙社区总支部委员会的前身是中共中岳庙村支部委员会，1948年成立，党员10余人。随着党员的增多，2018年10月，成立中共中岳庙村总支委员会。近年来，中共中岳庙村总支委员会充分发挥党员先锋模范作用，扎实开展“不忘初心、牢记使命”主题教育活动，践行为人民服务的宗旨，2020年初的抗击新型冠状病毒疫情防控工作中，社区工作人员和医护人员始终工作在一线，圆满完成了疫情防控。在开展“一征三议两公开”方面，完善议事规则，制定中岳庙社区党员积分管理办法，积极开展社会主义核心价值观教育，坚持每月1次党员活动日开展，每季度1次支部书记讲党课，每年召开1次组织生活会，发展党员1~2名。截至2021年4月底，中共登封市中岳街道中岳庙社区总支委员会下设党支部3个，分别是第1党支部、第2党支部和老干部党支部，党员总数119人。

中岳庙社区党群服务中心

中岳庙社区居民委员会

1948 年 5 月，登封县解放，成立庙上村委会。

1961 年初，庙上村委会更名为中岳庙大队。

1982 年 6 月 14 日，中岳庙大队改称中岳庙村民委员会。

2000 年 6 月 8 日，中岳庙村民委员会改称中岳庙居民委员会。

2020 年 5 月 19 日，中岳庙居民委员会调整为中岳庙社区居民委员会，管辖馨园、观山悦、太室公馆、林场家属院、中岳庙西天中街未拆迁居民区与东天中街未拆迁居民区等 6 个居民区。

中岳庙社区居务监督委员会

中岳庙社区居务监督委员会的前身是中岳庙村务监督委员会，于 2011 年成立。中岳庙社区居务监督委员会负责社区居务公开、民主理财等制度的实施，社区居务决策、工程建设、集体“三资”（资金、资产、资源）管理等项目的执行进行监督，并按照程序，提出监督意见，核实社区党务、社区居务、社区财物的运行，及时公布监督结果，反馈干部群众意见。通过监督，社区两委工作增加了透明度，做到事前、事后跟踪监督，定期上榜公示。

荣誉称号

荣誉称号

中岳庙社区 2009—2021 年获得部分荣誉

序号	奖项	授奖单位	日期
1	全国民主法治示范村（社区）	中华人民共和国司法部、中华人民共和国民政部	2015 年 3 月
2	全省先进基层党校	中共河南省委宣传部	2011 年 5 月
3	河南省首批示范“妇女之家”	河南省妇女联合会	2014 年 8 月
4	全省首批优秀法治文化建设示范点	中共河南省委宣传部、河南省司法厅、河南省文化厅、河南省普法教育工作领导小组办公室	2015 年 2 月
5	省级卫生居民小区（2012—2014）	河南省爱国卫生运动委员会	
6	郑州市级文明社区	中共郑州市委、郑州市人民政府	2010 年 3 月
7	郑州市先进基层党校	中共郑州市委宣传部	2011 年 1 月
8	和谐社区建设示范单位	郑州市人力资源和社会保障局、郑州市民政局	2012 年 4 月
9	郑州市民主法制社区	郑州市依法治市工作领导小组办公室、郑州市民政局、郑州市司法局	2013 年 6 月
10	郑州市级卫生社区（2020—2022）	郑州市爱国卫生运动委员会	2021 年 3 月
11	“五个好”村党支部	中共登封市委	2009 年 6 月
12	登封市“党建领航·六村联创”基层组织建设红旗村（社区）	中共登封市委	2019 年 1 月
13	登封市“党建领航·六村联创”社会和谐红旗村（社区）	中共登封市委	2019 年 1 月
14	登封市级文明社区	中共登封市委、登封市人民政府	2020 年 9 月
15	2012 年度基层平安创建工作十佳示范单位	中共登封市委政法委员会	2013 年 5 月
16	登封市巾帼志愿者先进集体	登封市人力资源和社会保障局、登封市妇女联合会	2020 年 3 月

社区经济

至迟自宋代起，中岳庙村已经开始以商养农，村民在天中街经营骡马店、粮行、理发店、杂货店、弹花车子店、蒸馍店、兽医店、药铺、饭店、皮货铺和纸烟、油茶、炒花生、西瓜、瓜子、芝麻糖、锅馈、罐饭等商业店铺和摊点，西天中街、东天中街，一街两行，店铺、摊点林立，街无闲人，洋溢着繁华的商业氛围。其中以骡马店、饭店（铺）、杂货铺最多，因价优实惠，往来行旅，多在天中街食宿、购物。每年中岳庙三月庙会、十月庙会助力商业经济发展，是村域经济兴旺时段。民国 8 年（1919 年）9 月 7 日，著名学者陈万里偕朋友游中岳庙，在其《嵩游十日记》中写道："傍晚，闲步天中街，于傅姓家购得新出魏碑数纸。天中街者，庙外之东西街也。"20 世纪 60 年代初，郑登公路（今 316 省道）中岳庙段由天中街南移至村外，即今少林大道，天中街商业经营渐见萧条，很快消失。

从 20 世纪 60 年代中期开始，中岳庙村以农业经济为主。1979 年前后，随着文化旅游事业的兴起，参观中岳庙的中外游客"井喷"涌来，村民以服务旅游为主的商业摊点在中岳庙前公馆门迅速兴起，为游客讲解中岳庙文化知识的"导游"应需而生。这些看似"碎片化"的商业行为，在快速弥补旅游服务市场明显不足的同时，村民的经济收入明显向好，住宿、衣着、饮食、出行代步工具等方面发生明显变化，村民生活富裕程度快速提高。1999 年，中岳庙村被评选为小康村。

根据登封"天地之中"历史建筑群申报世界文化遗产、登封市区东区建设和嵩山风景名胜区环境整治的需要，2008 年初春，拆除东、西天中街老街。2009 年 9 月馨园建成，拆迁村民入住。2020 年 5 月，中岳庙居委会调整为社区居委会，城村一体，居民生活方式发生了较大改变，已经进入经济发展的良好阶段。

农　业

中岳庙社区地处浅山区，田地多在山坡、沟谷，阳光充沛，经常干旱，粮食年产量不稳定。仅有部分沟田地处圣水池河（南河）两岸，是水浇地，可旱涝保收。中岳庙社区的粮食作物主要有小麦、玉米、红薯、高粱、谷子、大豆、绿豆、豌豆、扁豆、黑豆、豇豆、荞麦等。经济作物主要有花生、棉花、芝麻、油菜、烟叶、西瓜、甜瓜等。

小　麦　中华人民共和国成立后，重点推广农业技术和新品种，传播小麦种植、管护技术，先后引进和尚头、红秃子、疙瘩麦等小麦品种，亩产提至平均单产 150 多斤。

机械化耕地

梨种植

葡萄种植

芝麻种植

进入20世纪80年代初期，引进郑麦3号、偃师4号、小偃6号等小麦品种，亩产突破300斤。

玉　米　20世纪50年代，主要玉米品种为混选1号、金皇后、白马牙，亩产130斤左右。60年代，玉米品种推广洛阳八五、双一号、新单二号，亩产超300斤。80年代，玉米品种推广75-2、鲁原单四号、豫单五号、豫农704、丹王13等，亩产达到500斤以上。90年代的沈单10号、豫玉22等品种，产量高，玉米秆可作大牲畜饲料。

红　薯　主要粮食作物之一，有耐旱、耐瘠薄、少虫害、产量稳定等特点。除食用外，加工可以制淀粉作粉条、粉丝、粉皮、凉粉、酒、醋等。品种主要为华北553、宁薯1号、宁薯2号、郑州红、丰收白、徐薯18等。

谷　子　耐旱、抗病、易管理，生育期短，营养丰富，亩产200斤左右。制醋最佳。品种主要为豫谷一号等。谷草可作饲草。

大　豆　按色泽分为青豆、黄豆、白豆，可榨油，制作豆腐。20世纪80年代用它制作“人造肉”，做菜食用。中岳庙社区种植豆类以玉米地间作为主。中华人民共和国成立初期种植品种以8月炸、牛毛黄等，后又引进尉氏青豆、跃进4号、跃进5号、徐州109等。

小麦收割

绿 豆 因呈绿色，故称绿豆。可做汤，生豆芽，制粉，做面条，有清热败毒之功效。

黑 豆 营养丰富，可生豆芽，也可入药，做饲料，种植面积不大。

旅游业

门票收入

中华人民共和国成立后，来中岳庙游览的游客持续不断。1954 年 3 月，登封县人民政府明确县人民文化馆文物专职干部宫熙同志负责中岳庙、少林寺等文物保护单位的保护管理、对外开放、旅游接待等工作。如 1959 年，中岳庙年接待国内外游客近 9 万人，当时不售门票。1964 年 1 月，登封县文物保管所驻中岳庙办公，负责庙院日常管护。1975 年春，登封县文物保管所修整中岳庙竣工，对国内游客开放，门票 5 分，当年门票收入 2700 余元。自此以后，国内外游客人数迅速攀升。1978 年对外开放，位列闻名中外的文化旅游场所。1984 年，中岳庙由登封县文物保管所移交中岳庙道教民主管理委员会管理。目前中岳庙门票 60 元。游客人数最多的是 2007 年，年接待游客 918608 人；门票收入最高的是 2016 年，年收入 9077700 元。门票收入均上缴登封市财政管理。

2000—2019 年中岳庙接待游客人数及门票收入统计表

年份	游客人数 / 人次	收入 / 元
2000	149449	1351080
2001	208162	1419927
2002	264182	1930883
2003	242102	1453324
2004	414084	2839696
2005	577650	2672020
2006	743760	2900993
2007	918608	7374775
2008	634923	6501020
2009	653631	7584145
2010	712139	4696506
2011	87772	2100453
2012	162527	2598537
2013	166528	2562202
2014	178559	2658590
2015	189254	3068520
2016	273000	9077700
2017	227910	8434496
2018	312465	4700441
2019	403251	6273294

注：2000—2015 年游客人数及门票收入资料摘自《中岳庙志》；2016—2019 年游客人数及门票收入，由登封市旅游局提供。

中岳庙旅游人流

中岳庙旅游旺季

旅游服务收入

1978年，中岳庙前广场、少林大道两侧迅速布满为旅游提供服务的商业网点，如旅游纪念品销售、旅游书刊销售、照相留念、骑马骑骆驼登山、饭馆、冷饮、小吃摊点、导游服务、手指作画、以名作诗、邮电通信、武术学校等，名目繁多，最繁盛时经商从业者近200家，年营业额达1000万元左右。1981年前后，中岳庙大队新建的旅社在大路南建成投入运行；同时位于大路两侧的中岳庙村3队、4队、5队的六七家村民利用自家宅院，改建成住宿或食宿兼备的小型旅馆，生意兴隆。村民经商的平均收入不断提高，使中岳庙村顺利跻身小康村行列。

文创产品收入

自1976年起，登封县文物保管所、外事办公室、嵩山管理局陆续推出一批以中岳庙文化为主题的文创产品，深受广大游客的喜欢，如文化衫、明信片、碑帖、拓片、书签、汽水、冰糕、挂历、书籍、桌饰、服饰、摆件等，在丰富中岳庙文旅内容的同时，增加了居民收入。

旅游旺季武术表演

景区非遗展示

世界文化遗产

LOCAL RECORDS OF ZHONGYUEMIAO

登封“天地之中”历史建筑群：太室阙和中岳庙

2010年8月1日，经第34届世界遗产大会审议，登封“天地之中”历史建筑群成功列入世界遗产名录，成为中国的第39处世界遗产。太室阙和中岳庙作为登封“天地之中”历史建筑群的组成部分，符合《保护世界文化和自然遗产公约》列入世界文化遗产标准的第3条和第6条。

太室阙和中岳庙是登封“天地之中”历史建筑群不可或缺的组成部分，特别是太室阙和中岳庙轴线基址关系的形成，至迟可上溯至118年，作为中国唯一的现存例证，不仅反映太室阙与太室祠（中岳庙）、太室山的位置与环境关系，而且可以作为探究早期礼制建筑形制的依据。虽然中岳庙经历了自汉代至民国时期的复建、修缮，但是太室阙与中岳庙阙庙结合的建置、造阙的形式、画像内容与营造技术独特而突出地反映了汉代礼制建筑的初创制度。

太室阙、中岳庙的轴线关系与周围山水环境的整体布局设计反映了中国礼制建筑初创和典范的建筑形制。中岳庙中保存至今的北魏太延年间（435—440年）《中岳嵩高灵庙碑》、

2008年9月13日，世界遗产专家拉姆齐·茱丽叶女士考察评估登封“天地之中”历史建筑群，观看中岳庙明代五岳真形之图碑

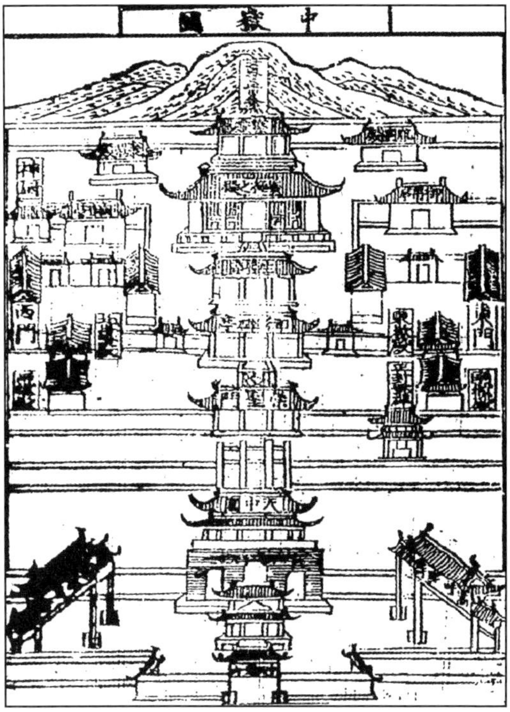

明隆庆三年（1569 年）刊本《登封县志》中的“中岳庙图”

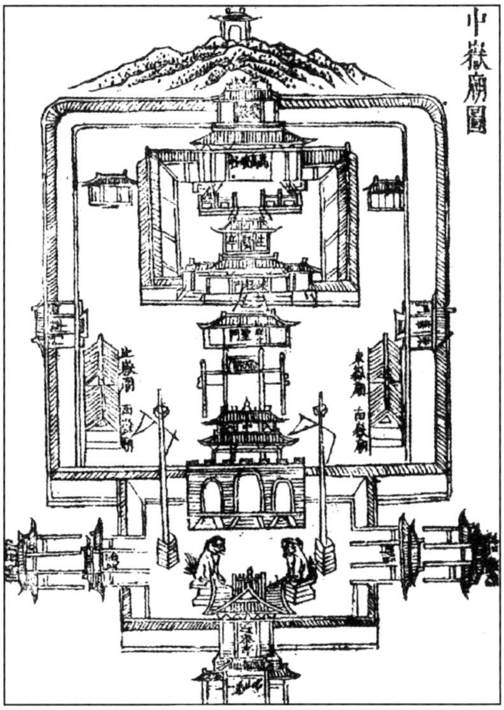

清康熙三十五年（1696 年）刊本《登封县志》中的“中岳庙图”

宋真宗大中祥符七年（1014 年）《中岳中天崇圣帝庙碑铭》、金大定二十二年（1182 年）《重修中岳庙碑》等历史碑刻明确记载了历代的重建和重修；《大金承安重修中岳庙图碑》以其稀有的价值和生动的内容反映出金代重修庙宇的历史和现存格局确定前的面貌：通过长长的前导空间，到达庙内最重要的崇祀空间——中岳大殿；其个体建筑沿着纵轴均衡布局，左右对称，院落空间变化丰富；后部远处黄盖峰上的黄盖亭、青童峰上的中岳行宫成为这组庞大建筑空间交响乐的尾声。个体建筑殿宇形制尊卑有序、等第分明，大殿巍峨壮丽，廊

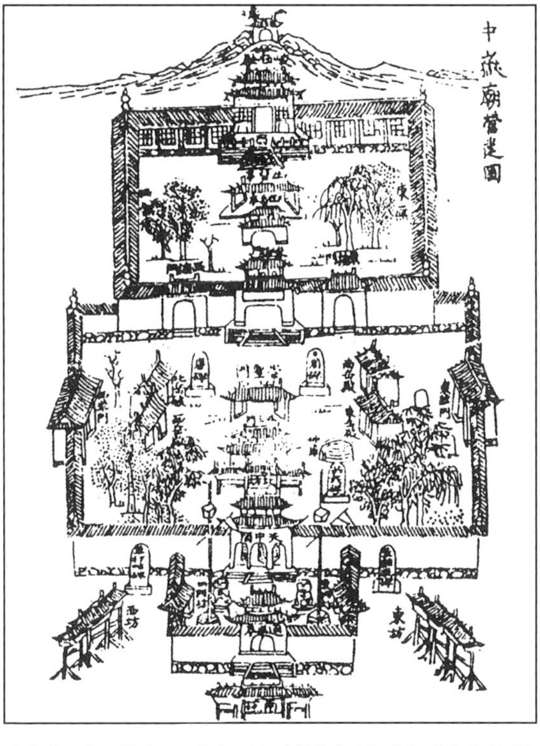

清康熙三十五年（1696 年）刊本《嵩岳庙史》中的“中岳庙图”

庑平淡简素，共同塑造了气势不凡的建筑群，体现着礼制文化理论对礼制建筑群总体布局的深刻影响。中岳祭祀建筑不仅影响着中国五岳中其他四岳祭祀建筑形制的形成，而且深刻影响了国家政权祭祀河渎的建筑规模和布局方式。

历代共有73位帝王曾经亲至或遣使至中岳嵩山致祭。中国帝王统治结束之后，祭祀、封禅文化随之消亡。因此，太室阙和中岳庙成为了中国现存最古老的祭祀、封禅文化的实物见证，构成了祭祀、封禅文化最完整的体现。

中岳庙现存建筑主要是明代崇祯十四年（1614年）大火之后重修所成，清代以来，顺治十年（1653年）、康熙二年（1663年）和乾隆年间（1736—1795年）渐次重建火毁建筑。与重建时间相对应的是，雍正十二年（1734年）清工部颁行了《工程做法》一书，以明确官式建筑做法和用共用料标准，向来被匠家奉为定式，是建筑史学界公认的研究清代建筑的“语法课本”。具有浓厚“官式”风格的中岳庙木结构建筑，能够真实而生动地反映《工程做法》颁行前后的建筑设计、建造工艺的演变，是地方建筑中体现“官式”做法的重要实例。

嵩山至迟在周代就已被尊为中岳，汉武帝于元封元年（公元前110年）登嵩山，以300户为太室祠供奉。保留至今的东汉太室阙，以及由太室祠延续演变而来的中岳庙，是礼制封禅、祭祀文化兴盛的证明，更是嵩山作为“天地之中”的观念和信仰的具体体现。

2006年12月，郑州市文物管理局、郑州市规划局、登封市人民政府和清华大学建筑设计研究院共同编制了《嵩山古建筑群总体保护规划》，得到国家文物局批复同意。依据该“总规”，编制了太室阙、中岳庙详细性保护规划。

2008年夏，登封市文物管理局为“天地之中”历史建筑群安装了防雷、消防、安防等文物安全技术防范系统工程。

太室阙

太室阙是中岳庙前身太室祠前的神道阙，位于登封市区东太室山黄盖峰下中岳庙天中阁前600余米的中轴线上，后来便成为历代中岳庙前导空间的重要建筑。太室阙中心点坐标为北纬34°27′06.81″，东经113°04′04.09″。太室阙创建于东汉元初五年（118年），其位置和神道一直未变。阙身以青灰色块石砌筑，分为东、西两阙，间距6.75米，相对如门，是太室祠的象征性大门。通高3.96米，长2.13米，厚0.7米。均由母阙和子阙组成。母

太室阙鸟瞰

太室阙阙身之一

阙在内，子阙在外；母阙高，子阙低，子阙比母阙低 1.31 米。母阙为四阿顶，子阙紧靠母阙，其顶为半个四阿式。阙由阙基、阙身、阙顶三部分构成。阙顶为石质仿木结构。阙身用长方形石块垒砌，除刻有铭文外，还有以石块为界格雕凿的浅浮雕画像，保存较好的有 50 余幅，反映汉代社会风俗和信仰。其中代表性的画像有铺首衔环、比目鱼、避邪柏、四灵图、虎食鬼、鲧画像、倒立图、羽人图等。阙的题额刻在西阙南面上部，阳刻，仅存“中岳泰室阳城”六字。铭记刻在西阙北面，阴刻，计 27 行，每行 7 字，内容主要是阳城县长吕常等建阙的缘由。太室阙是我国现存最早的庙阙，是古代祭祀太室山神的重要实物见证，是中国古代祭祀礼制建筑的典范。

阙身铭文

根据太室阙铭文知道，两汉时期或其以前，嵩岳太室山，称泰室山，山祠亦称泰室祠。两晋以后，始“泰”字变为“太”。太室阙铭文位于西阙，刻于东汉安帝元初五年（118 年）四月，两部分，一是额文，在西阙南面阙身上部，文曰“中岳泰室阳城□□□”九字，3 竖行，阳刻篆书，字径 10 厘米 ×6 厘米。后缺 3 字，有考证为“神道阙”，也有认为是“崇高阙”。二是铭文，有三部分。

首先是额文下面的铭文，28 行，行 9 字，唯第三行 10 字。篆、隶字体，字径 2 厘米。文意记载建阙的原因和经过。因磨泐较甚，如非精致拓本，难以窥其面貌。杨守敬《平碑记》云：“汉隶之存于今者，多砖瓦之文，碑碣皆零星断石，惟太室、少室、启母三阙字数稍多，且雄健古雅，自《琅琊台》漫漶不得其下笔之迹，应推此为篆书科律，世人以郑文宝《峄山碑》为真从李斯出而奉为楷模，误矣。”

其次，在西阙南面额文下面还有一篇题记铭文，字体隶篆参半，刻于东汉延光四年（125 年）三月，剥蚀严重，能识者仅 60 余字，且不能连续句读。

第三，在西阙北面第三层左，刻东汉安帝元初五年（118 年）四月铭文，依据吕品《中岳汉三阙》释读铭文，摘录如下：

中岳泰室阳城□□□

惟中岳泰室崇高神君，处兹中夏，伐业最纯。春生万物，肤寸起云。润施源流，鸿濛沛宣。并天四海，莫不蒙恩。圣朝肃敬，众庶所尊。斋诚奉祀，战慄尽勤。以颂功德，刻石纪文。垂显述异，以传后贤。元初五年四月，阳城县长，左冯翊万年吕常始造此石阙，时监之。

颍川太守京兆杜陵朱宠，丞西夏□□□□监之。府椽阳翟□□□丞河东临汾冯□，河东临汾张嘉，□□阳□□史□远，崇高乡三老严寿，长史蜀城左右副垂崇高亭长苏重监之。阳翟平陵亭部阳陵格、王孟功、副车卿王文通、潘□□□□之共□□阳□□□□阳□□□君□□修□□□□人诸师□□□□□□少□□□□□。

另外，西阙阙身还刻有清代、民国游人题记三则：阙身东侧面两则，上面为：清“嘉庆十三年，阮元来观阙下”；下面为：“阮文达游后百十七年岁次壬戌之秋日，武进庄炎同姬人洪仙芝来游，仙芝手拓全阙文字、画像而归”。南侧一则：“中华民国壬戌之秋□，王□为重修通志来访金石，过此与□兄□暨武进庄炳□同游阙下”。

阙身画像

太室阙保存较好的画像有 50 余幅，均以石块为单位，用剔地浅浮雕手法雕刻而成。艺术风格浑朴古拙，气势深沉，反映了古代人们在艺术创作上的辉煌成就。其形式和内容对研究建筑史、美术史、书法艺术和东汉社会史具有很高的价值。择其要予以考释。

太室阙阙身之二

铺首衔环 面目狰狞、巨口獠牙、口衔圆环的兽面画像，常见于商周青铜器纹饰，战国时称这种兽面为饕餮。汉代时饕餮因善于看守财物，所以多雕在门或器物上，作为守卫。

比目鱼 一目三尾的鲤鱼画像，为神化的吉祥物。《史记·封禅书》有“东海致比目之鱼，西海致比翼之鸟”的记载。

辟邪柏 汉代人们认为柏能驱鬼辟邪，《太平御览》引《风俗通》：“墓上树柏，路头石虎。《周礼》方相氏入圹殴魍象，好食亡者肝脑，人家不能常令方相立于墓侧以禁御之，而魍象畏虎与柏。”画像反映了汉代人们以柏驱鬼辟邪的习俗。

四灵图 即青龙、白虎、朱雀、玄武的画像。四灵在汉代人的心目中地位很高，是原始社会万物有灵和图腾崇拜的产物，如龙是黄帝及夏部族的图腾。汉三阙上四灵画像较多，反映了汉代的信仰习俗。

虎食鬼 画面为虎食鬼的情景。张衡《东京赋》有虎食鬼故事。此画像反映了古人辟邪、御凶的风俗。

鲧画像 夏禹之父鲧的画像，共有3幅，1幅为一巨鳖，2幅似人似鳖，实为夏氏族的图腾。反映了嵩山一带祭鲧的遗风。

倒立图 也叫逆行、掷倒伎。汉代不仅有在地上倒立、案上倒立或马上倒立的，还有在酒樽上倒立跳上跳下的技术表演。这种杂技魏晋以后仍相当流行。翟颢《通俗编》载：“《通典》掷倒伎，即倒而舞也。晋咸康中，散骑侍郎顾臻表曰，末代之乐，设礼外之观，逆行、连倒，足以蹈天，头以履地，反天地之顺，伤彝伦之大，乃命太常罢之。”太室阙

虎食鬼图

的倒立图，为图案化的示意。

羽人图 秦汉以来，上自封建帝王下至官宦士庶，多崇信方士，幻想长生不老。因此，黄老之学风靡一时。当时人们认为要想长生像仙人一样翱翔天界，就得像鸟身生双翼。王充《论衡·雷虚篇》云："飞者皆有翼，物无翼而能飞，谓仙人。画仙人之形，为之作翼。"《论衡·道虚篇》云："为道学仙之人，能先生数寸毛羽，从地自奋，升楼台之陛，乃可谓升天。"道家的这种思想，在我国古代曾产生过深远影响。太室阙羽人形象反映了秦汉以来人们幻想长生不老的升仙思想。

太室阙画像的雕刻技法主要是浅浮雕加阴线刻，即先在凿好的粗糙石面上用简练的线条勾画出形象的细部，然后剔去轮廓外的石面，并用平行斜线组成的菱形图案为地纹。有的画面在上部饰以垂幛，以显示庭堂而有别于旷野；也有的在一幅画面上用阳线分隔出若干小格，雕刻个体的画像内容，使之突出醒目。总的说，其特点是不追求局部的精雕细琢，而是以线写形，以形传神，用粗狂古拙的形象，显现出磅礴的气势。其艺术成就具有鲜明的时代特点，在中国古代艺苑中，谱写了重要篇章。

沿革与保护

太室阙始建于东汉汉安帝元初五年（118 年），由阳城长吕常创建，是著名的中岳汉三阙之一。

为保护太室阙，1942 年修建太室阙保护房。

1953 年维修太室阙保护房顶。

1961 年 3 月 4 日，国务院公布太室阙为第一批全国重点文物保护单位。

2006 年 12 月，郑州市文物管理局、郑州市规划局、登封市人民政府和清华大学建筑设计研究院共同编制《嵩山古建筑群总体保护规划》，编制了太室阙详细性保护规划。

2008 年 4 月中旬至 5 月中旬，登封市文物管理局整修太室阙保护房顶。

2008 年夏，登封市文物管理局在太室阙安装防雷、消防、安防等文物安全技术防范系统工程。

2010 年 8 月 1 日，太室阙作为登封"天地之中"历史建筑群的重要组成部分，成功列入世界文化遗产名录。

太室阙现由登封市文物局管理，保护状况良好。

太室阙保护房

太室阙保护设施

中岳庙全景图

中岳庙

中岳庙位于登封市区东嵩岳太室山南麓，南距太室阙 600 米。坐北朝南，背依黄盖峰，面临玉案山，西傍望朝岭，东望牧子岗。中岳庙的前身是太室祠，至迟在汉武帝时已经存在，原为祭祀嵩山太室山神的场所，太室阙就是它的神道阙。中岳庙历史上几经重修，现存建筑格局至少可以上溯到金代，建筑多复建于清代。

中岳庙南北长 650 米，东西宽 166 米，面积 10.89 公顷。中岳庙依山势而建，自南向北，渐次升高，前后高差 37 米。庙中有殿、宫、楼、阁、亭、廊等建筑 39 座近 400 间。中岳庙具有中国传统官式建筑风格，建筑依中轴线左右对称、纵深多进、多群组院落建筑形式布局，中轴线上共有名山第一坊、遥参亭、天中阁、配天作镇坊、崇圣门、化三门、峻极门、嵩高峻极坊、中岳大殿（峻极殿）、寝殿、御书楼等十一进建筑，是中岳庙的主体。前六进为门、坊建筑，组成深远神圣的中轴甬道。自峻极门后为主殿宇。中轴线建筑高大宏伟，多用琉璃瓦顶，雕饰彩绘华丽，至中岳大殿构成庙宇中心。中岳大殿建筑在高台之上，面阔九间，进深五间，重檐庑殿，覆以黄琉璃瓦，雕梁画栋，前有广阔月台，雄伟辉

中岳庙鸟瞰图

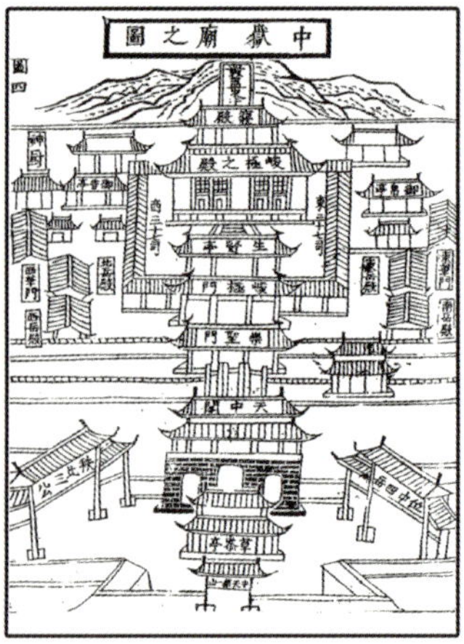

清顺治九年（1652 年）刊印《登封县志》中的“中岳庙图”

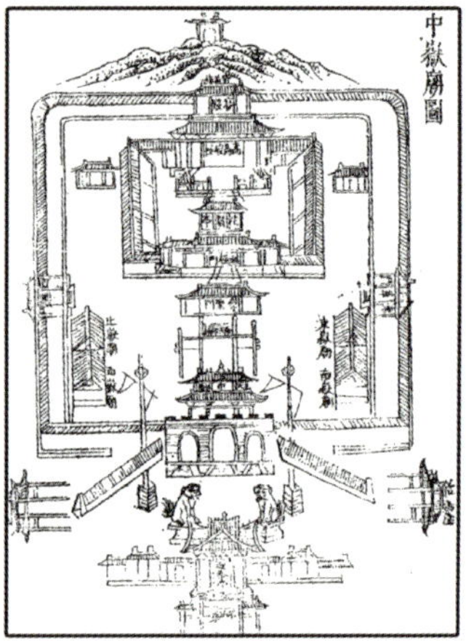

清乾隆十年（1745 年）刊印《登封县志》中的“中岳庙图”

清乾隆五十二年（1787 年）纂，民国 4 年（1915 年）刊印《登封县志》中的“中岳庙图”

煌，是供奉和祭祀中岳神的主殿，是五岳中最大的殿宇。两厢又配以廊房，拱卫大殿，显示了中岳庙的轩昂大气。两侧分布有古神库、四岳殿、东西廊房、太尉宫、火神宫、神州宫、小楼宫、祖师宫等多组院落，建筑以单层布瓦色调陪衬主体建筑，是道士分别举行祀典和生活的地方。

庙内尚有古代碑刻 73 品及珍贵文物，有汉代到清代古柏 330 余株。完整的建筑布局使中岳庙成为一座主次分明、错落有致，布局紧凑、色调和谐的庞大建筑群。由太室阙和中岳庙构成的礼制建筑群，是古代祠庙建筑空间处理的优秀范例。中岳庙是五岳中现存最大的历史建筑群，是清代官式建筑的代表，是古代山岳崇拜的实物见证。

重要历史建筑

名山第一坊 中岳庙的大门，三间四柱七楼式牌坊。

遥参亭 位于天中阁南 25.3 米。清乾隆年间（1736—1795 年）、1942 年、1975 年重修。亭高 12.99 米，面积 90.49 平方米，重檐八角攒尖顶。昔日过往行旅无暇入庙亲谒中岳神时，在此向岳神遥遥参拜。

名山第一坊

天中阁 为中岳庙原大门。原名“黄中楼”。明嘉靖四十一年（1562年）重修，始易名“天中阁”。高10.6米，长21.48米，宽8.13米，面积174.66平方米。建在7.44米高的台体上，通高约18.04米，台体开砌门洞三孔。天中阁面阔五间，四周回廊，重檐歇山式，绿琉璃瓦顶，门额楷书“中岳庙”三字。

配天作镇坊 在天中阁北93.12米。原名“宇宙坊”。明万历三十八年（1610年）、1979年翻修。高9.17米，长19米，宽7.86米，面积149.34平方米。三间四柱三楼式，上覆黄琉璃瓦。正面额书“配天作镇”，东次楼额书“宇宙”，西次楼额书“具瞻”。

遥参亭

天中阁

崇圣门 在配天作镇坊北 33.85 米。原为过往门庭，形制与峻极门相似。清代建筑，1942 年改建。高 11.13 米，长 23.26 米，宽 10.12 米，面积 235.39 平方米。面阔 5 间，进深 2 间，歇山灰筒板瓦顶。

古神库 在崇圣门东北 46.91 米。清乾隆年间（1736—1795 年）建。高 6.59 米，长 5.32 米，宽 5.32 米，面积 28.30 平方米。单层，平面正方形，墙身以青砖砌筑，布瓦攒尖顶。

无字碑亭 在崇圣门西北 46.91 米。清代建筑。高 6.59 米，长 5.32 米，宽 5.32 米，面积 28.30 平方米。单层，平面正方形，墙身以青砖砌筑，布瓦攒尖顶。亭内立有一通无字碑。

配天镇作坊

崇圣门

古神库

无字碑亭

化三门 在崇圣门北 64.78 米。清代建筑，1942 年改建。为过往门庭，形制与峻极门相似。高 9.59 米，长 24.06 米，宽 10.68 米，面积 257.96 平方米。面阔五间，进深两间，歇山布瓦顶。

峻极门 在化三门北 57.02 米。清代建筑。高 11.57 米，长 24.37 米，宽 11.61 米，面积 282.93 平方米。面阔五间，进深二间，单檐歇山式，绿琉璃瓦顶，檐下施五踩斗栱。中开一门，正门上方悬“峻极门”竖匾。门两侧彩塑高达 5 米的守门将军各一尊，故又称“将军门”。

嵩高峻极坊 又名“迎神门”。在峻极门北 16.95 米。清代建筑。高 8.1 米，长 13.48 米，宽 3.91 米，面积 52.71 平方米。三间四柱三楼式，明楼施九踩斗栱，次楼施五踩斗栱，黄琉璃瓦顶。正中额题“嵩高峻极”四字。为清代牌坊之优秀作品。

御碑亭 在峻极门北 39.55 米处东、西两侧。清乾隆年间（1736—1795 年）建。二亭相距 36.63 米，面积均为 51 平方米。东亭原名御香亭，西亭原名御帛亭。平面呈八边形，设周围廊，重檐攒尖顶，上覆黄琉璃瓦，上下檐分设七踩、五踩斗栱，为标准的清代官式建筑。亭内分别立有乾隆十五年（1750 年）、四十八年（1783 年）御制诗书碑。

峻极殿 习惯称中岳大殿。在嵩高峻极坊北 75.21 米。宋代始建，明末毁于火，清顺治十年（1653 年）重建。高 22.34 米，长 34.82 米，宽 17.65 米，面积 614.57 平方米。是中岳庙的核心建筑，也是河南省现存最大的单体木结构建筑。面阔九间，进深五间，重檐庑殿顶，覆以黄色琉璃瓦。上下檐分别施七踩斗栱和五踩斗栱。殿内用盘龙藻井，

化三门

峻极门

崇高峻极坊

御书楼 在寝殿北 36.37 米。又名黄箓殿。创建于明代万历年间（1573—1620 年），1919 年重建。高 15.09 米，长 39.95 米，宽 13.28 米，面积 530.54 平方米。面阔十一间，进深三间，假歇山式。内供玉皇大帝，原是道家贮存道经的地方，清代皇帝多在此殿题碑书铭。

黄盖亭 在中岳庙北 1000 米的黄盖峰上。清代建筑。高 8.5 米，重檐八角攒尖顶，上覆黄琉璃瓦。

御书楼

黄盖亭

重要金石、木质等文物

中岳庙保存东汉、北魏、唐以后金石文物 122 件、木质文物 11 件（套）约 500 块，具有重要的历史、艺术、科学价值。

石翁仲 在名山第一坊南 24.5 米神道两侧四角亭内。刻于东汉元初五年（118 年），高 1.2 米，腰围 1.54 米，平头方脸，五官端正，头顶平整，腰系大带，手握剑柄，是我国现存年代最早的石翁仲，是研究汉代雕刻艺术和衣着服饰的珍贵实物资料。

中岳嵩高灵庙之碑 在峻极门东南，东岳殿西南角。刻立于北魏太延年间（435—440 年），高 2.84 米，宽 0.99 米。记述中岳嵩山的地理形胜，及天师寇谦之在辅导太平真君施行太平教化的国策中所做的一系列道教醮坛等重要事迹和秦汉魏晋南北朝时期中岳庙及其前身太室祠的兴衰史。该碑是中国道教刻立的第一品石碑。其字迹遒劲，笔调古朴，是稀少的书法艺术珍品。

状嵩高灵胜诗碑 镶嵌在峻极门东掖门内墙壁。刻立于唐太和三年（829 年）六月十日，高 0.68 米、宽 0.96 米，尉迟汾撰，书者不详。碑文为河南府尹王潘奉命祭祀中岳嵩山时，

石翁仲（东） 历史老照片

石翁仲（西） 历史老照片

中岳嵩高灵庙之碑

状嵩高灵胜诗碑

尉迟汾作一首五言诗寄赠王潘，祭岳礼毕，刻石嵌置中岳庙。

宋金四状元碑 位于东华门和西华门内，东西各有两通，这4通大碑中宋碑3通、金碑1通，因碑的撰文人皆为当朝状元，故称宋、金四状元碑。西华门内两碑：一为宋太祖开宝六年（973年），孙崇旺书丹、卢多逊撰文的《大宋新修嵩岳中天王庙碑铭》，碑文说受皇上之命，感谢岳神明知，帮助仁德勤俭的宋太祖安定天下，是“人神交感之若是也”，这次重修中岳庙本着“奉岳神大增其华而不在奢侈，曲尽其美而无劳役”而进行的，“我之祈福兮，在于生民”，希望中岳神能继续保佑宋太祖，使大宋王朝“海内一统，景福无垠”。碑阴刻元世祖至元九年（1272年）七月二十四日昭勇大将军，前济南真定总管兼府尹、改授河北河南道提刑按察使乌禔福及随从书史刘铎、朱恩诚，总领钊营，知印徐大春、高时举等人巡察登封县，上香中岳庙祭拜岳神之后的题记。一为宋真宗乾兴元年（1022年）邢守元书丹、陈知微撰文的《增修中岳中天崇圣帝庙碑铭并序》，碑文记述了五岳的诞生和作用，强调了中岳的地位，引经据典地说明了历代皇帝祭祀中岳的原因和宋真宗赵恒给中岳神的优厚待遇及重修中岳庙的经过。为研究北宋以前中岳庙的历史提供了可靠的文字资料。

宋金四状元碑（一、二）

宋金四状元碑（三）

宋金四状元碑（四）

御制中岳醮告文石幢

东华门内两碑：一为宋真宗大中祥符七年（1014 年）白宪书丹，王曾撰文的《大宋中岳中天崇圣帝庙碑铭》，记述中岳嵩山钟灵毓秀和重修中岳庙的经过外，从汉、唐、宋历代皇帝对中岳庙的祀封都有较详细的记载。文中多处提到当时朝廷内外的一些情况，具有一定的史料价值。一为金世宗大定二十二年（1182 年）郝史书丹，黄久约撰文的《大金重修中岳庙碑》，碑文是在重修中岳庙工程竣工后，受世宗完颜雍之命而作的，记载了这次修建从拟定计划、所需工料、民工消费、完成数目和时间及完工后的盛况等全部过程。其中对金朝宫廷制度和庙址迁徙都有详细记载。

御制中岳醮告文石幢 在峻极门前东侧。北宋真宗天熙三年（1019 年）九月刻立的八棱石幢，高 2.27 米，宽 1.1 米，宋真宗赵恒撰文，刘太初奉敕书丹。幢顶有石雕宝珠幢刹，下为仰覆莲须弥座。此幢说明宋代时各宗教间已相互融合和渗透。

镇库铁人 在崇圣门东侧古神库四角。铸于宋代治平元年（1064 年）。共四个，高

镇库铁人（一）

镇库铁人（二）

镇库铁人（三）

镇库铁人（四）

2.5~2.65 米不等。每尊铁人身体上均铸有铭文。是我国现存形体最大、保存最好、造型艺术上佳的铁人。保存完好。

大金承安重修中岳庙图碑 在峻极门东掖门北走廊东端。金承安五年（1200 年）刻。高 1.33 米，宽 0.75 米。刻绘了金代承安时中岳庙全图。《金石》载："金承安间，重修岳庙，廊房 800 余间，碑楼 70 余所，绘图刻碑"。

大金承安重修中岳庙图碑

中岳投龙简诗碑 在峻极门西掖门内。元仁宗皇庆二年（1313 年）五月刻立，高 1.35 米，宽 0.70 米，厚 0.25 米 。玄教嗣师真人吴全节撰诗，玄逸法师谢君与书丹。碑额篆书“中岳投龙简诗”六字。诗及序述说吴全节奉旨祭祀中岳及投龙简的事情。碑阴刻明万历二年（1574 年）冬，翰林院庶吉士嵩人王守成撰书的《谒中岳庙》七言律诗一首，行楷字体。

中岳投龙简诗碑

圣旨碑　在峻极门南《中岳嵩高灵庙之碑》西侧。元惠宗至元元年（1335 年），高 3.08 米，宽 0.93 米，厚 0.32 米。碑额刻“圣旨”二字，正书。碑文记述元惠宗妥懽帖睦尔口授圣旨，用蒙古语的汉语音译外，还有伊斯兰教徒的波斯音译及宗教界的行业语、方言土语等。文意大略为军官、军人对中岳庙的一草一木，要严加爱护，不得损坏。碑阴刻有元惠宗至正八年（1348 年）八月十三日《大元重修中岳庙之碑》，额题篆书“大元重修中岳庙之碑”九字，碑文全部为题名，“提领淳素安静大师周志真，提举德义仁和大师任道真及王玄政、王玄清、李玄希、宋德禄、孔德文、惟典、赵德安、李德春、王德福、宋德智、张德善、张道顺、陈道和、张德元、姚德缘”17 位中岳庙执事。中岳庙前提点、弘玄养浩仁和大师周德伦书丹，知书崇真弘道明德大师董德顺题额，崇福宫纯素大师王德敬刻字。

清乾隆皇帝御制诗书碑　共 4 首诗 5 通石碑，其中乾隆十五年（1750 年）冬十月 3 首诗 4 通石碑、乾隆四十八年（1783 年）季春 1 首诗 1 通石碑，分别刻立于中岳大殿院和三仙殿前。

清至民国木质匾额　中岳庙悬挂大殿、寝殿清至民国木质匾额共 7 块，其中清代 4 块、民国 3 块。分别是：清咸丰帝御书“威灵镇佑”匾额、清同治十年（1868 年）季春“天中巨镇”匾额、清宣统二年（1910 年）十月“威镇天中”匾额、清宣统二年（1910 年）孟冬“位镇中岳”匾额、民国 6 年（1917 年）10 月 12 日“威镇天中”匾额、民国 11 年（1922 年）

清咸丰帝御制匾额

清宣统年匾额

民国“峻极于天”匾额

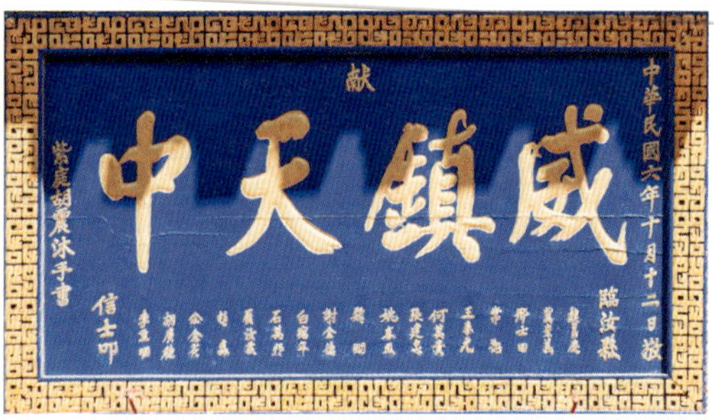

民国“威镇天中”匾额

仲春“峻极于天”匾额、民国35年（1946年）10月“神光远被”匾额等。

《嵩岳庙史》木刻版 保存在中岳庙道管会仓库，约有200块，清景日昣撰著，康熙三十五年（1696年）太壹园刻版。每块版框高19.5厘米，宽14.5厘米，半页8行，行20字。版心为花口，双鱼尾。鱼尾中有书名，下刻卷数及卷名。四周双栏。有史以来，各种典籍对中岳嵩山多有记载，但对中岳庙所记多简略不详，诸书侧重于志山，而略于志庙。山以庙显，庙以山名。《嵩岳庙史》正好弥补这个缺憾。印书之木刻版尤显珍贵。

道教画像木刻版 10多块，现存放中岳庙道教管理委员会仓库。

古树与绿化

古树是指树龄在百年以上的树木。中岳庙保存汉至清代古树334株，按种类分：古柏321株、女贞1株、国槐5株、梧桐4株、白毛杨2株、皂角树1株。古树是中岳庙的重要组成部分，历史悠久，数量众多，清初景日昣在《说嵩》《嵩岳庙史》等文献中多有记载。古往今来，古树的生长离不开人们的持续养护，中岳庙的古柏树千龙钟，或大或小，或俯或仰，或曲或蟠，苍蔚蟠薄，扶疏荫翳，像卧羊、似猕猴、如奔鹿、俏凤尾……千姿百态，魅力诱人。人们又将许多人文故事与古树融合在一起，赋予其独有的文化内涵。

中岳庙现存古柏树321株，其中侧柏318株、桧柏3株，树龄约在1300~2900年（汉代至南北朝时期）的有47株，树龄约在800~1200年（唐代至宋代）的有58株，树龄约在200~800年（宋代至清代）的有230株。这些古树是“活文物”，是中岳庙历史的天然见证，也是历史、气象、文学、水文、地理和植物学研究考古的重要实物资料。

由于古树生长时间长，历史上缺乏专业日常养护方法，人为砍伐古树、因病虫害枯死、雷电击烧而亡等现象经常发生，古树保护堪忧。

最早保护中岳庙古树是在1935年，登封县政府明确寺庙、宫观、书院的古树属于国有，任何机构、团体、组织或个人严禁私自砍伐，并派专人对全县寺庵、庙观、书院生长古树进行统计编号，将每棵树的编号印制在竖长方形搪瓷树牌上，树牌高17.7厘米、宽6.4厘米，蓝底白字、白边，一树一牌，牌上写明“柏树第×××号”，落款是“登封县政府制”。树牌钉在古树树身中上部显眼部位，清晰可见。中岳庙古柏树全部钉挂编号搪瓷牌，方便统一管护。

1998年秋冬，登封市文物管理局邀请古树保护专家对中岳庙保存古树生存现状进行调查，发现古树树身的蛀干害虫，如双条杉天牛、小蠹，以及食叶虫，如蚜虫、红蜘蛛、叶虱等虫害孳生现象非常突出；古树生长的土壤板结严重，根系透气性能变差，大大影响了古树的正常生长，使树叶出现灰化、黄化现象，生机乏壮。2007年9月2日，登封市文物管理局、登封市民族宗教事务局联合发布《关于加强古树名木保护管理的通知》，明确要求中岳庙民主管理委员会要建立古树档案、设置保护标志说明牌、设立专职管理人员和实施科学养护等保护措施。从2008年开始，春、秋两季，登封市文物管理局安排专人给中岳庙古树喷洒药物各一次，消杀食叶害虫，效果明显。2019年6月27日，河南省文物局批准登封市文物管理局、中岳庙民主管理委员会联合制定的《登封中岳庙古柏生境生态恢复试点复壮项目》方案。依据该方案，2020年12月，河南省文物局下拨中岳庙古柏生境生态恢复试点复壮项目专项补助资金50万元，按照方案要求，目前中岳庙古柏生境生态恢复试点复壮项目实施良好。

千年古柏

庙内绿化

在绿化美化中岳庙环境方面。1964 年，登封县文物保管所、登封县林业局联合绿化中岳庙环境，在庙内和中华门至太室阙神道两侧种植柏树 2600 余株，种植黄杨、腊梅、樱花、垂柳、垂槐、紫荆、木槿、松树、冬青等 10000 余株。为做好中岳庙的持续绿化，服务对外开放工作，1976—1989 年，登封县文物保管所在中岳庙内建设花房，从鄢陵县聘请技术、经验丰富的花匠，精心培育，兴盛时花木品种多达 100 多种。同时也培养出一批技术娴熟的技师，专职打理庙内绿化，使文物保护、旅游开放与环境美化完美结合。这种经验与做法，在少林寺及塔林、嵩阳书院、会善寺、观星台、嵩岳寺塔等文物保护单位得到推广和实施，取得了良好的景观视觉效果。

沿革与保护

中岳庙的前身是太室祠，太室祠是祭祀嵩山太室山的场所。对太室山神的祭祀由来已久，《竹书纪年》载："虞舜十五年，帝命夏后，有事于太室。"西汉时，汉武帝曾大规模扩建太室祠。《汉书 · 武帝本纪》载："其令祠官加增太室祠，禁无伐其草木，以山下户三百为之奉邑，名曰崇高，独给祠，复亡所与。"这说明太室祠在汉武帝以前就已存在。五岳制度形成后，太室祠成为祭祀中岳神的地方，之后更名嵩岳庙。庙的规模随着历代帝王对嵩山中岳神的封祀，不断增修扩建。

中岳庙局部图

北魏时，杨龙子奉皇帝之命重修中岳庙。著名道士寇谦之在此修行 30 余年，创立北天师道。

唐开元十八年（730 年），唐玄宗李隆基加封中岳神为天中王，并下令依照汉武帝旧制，重新整修，扩建殿宇。

宋乾德二年（964 年）又修行廊一百余间，均饰以丹青，绘以壁画，并在庙内遍植松柏。宋开宝六年（973 年），敕修中岳庙。宋大中祥符六年（1013 年）增修峻极殿、崇圣殿等殿宇 850 间，金妆神像、绘制功德壁画 470 余幅。

金大定十四年至二十二年（1174—1182 年），金世宗诏命重修中岳庙，恢复唐宋旧貌，重修殿宇 238 间。金章宗承安五年（1200 年），刻立的重修中岳庙图碑，详细绘制了中岳庙当时的格局和建筑情况。

元代初年，中岳庙尚有殿堂庙房 755 间，元末因战火仅存百余间。

明成化十三年（1477 年），中岳庙遭到风雨破坏。成化十八年（1482 年）起开始了一次历时一年零八个月的大规模维修，复建了寝殿等建筑。嘉靖十四年（1535 年）又重修。嘉靖四十一年（1562 年）登封知县刘汝登重修黄中楼后将其改名天中阁。明崇祯十四年（1614 年），峻极殿及廊庑遭遇火灾。

北岳殿

东岳殿

化三门

峻极坊

西岳殿

清顺治十年（1653 年）至康熙二年（1663 年）重建中岳庙。清乾隆年间（1736—1795 年），高宗弘历颁布《钦修嵩山中岳庙图》，下令大加修整，进一步奠定了今天中岳庙的格局。乾隆四十年（1775 年），在庙内设置道会司以掌管全县道教事务。

民国时，成立“中岳风景区整建会”修缮中岳庙。抗日战争期间，日寇飞机炸毁峻极殿东北一角。

1949 年，中华人民共和国成立后，人民政府数次拨款，逐年修葺，设立登封县文物保管所，加强保护管理。1953 年对汉代石翁仲建亭保护。1963—1964 年，对峻极门进行加固，并按照原有做法修补了被日寇炸毁的峻极殿东北角，并检修了殿顶。1975 年扶正了遥参亭。1979 年，维修了配天作镇坊。1980 年以后，国家投资相继整修了天中阁、崇圣门、化三门、嵩高峻极坊、东西廊房、神州宫东西配殿、黄盖亭、九龙宫等，更换了少量易损部位构件。1986—1988 年修缮了峻极殿。1992 年修缮了三仙殿。1995 年修缮了寝殿殿顶。2004 年对天中阁进行揭顶抢救性维修。2005—2006 年，在原台基上复建了四岳殿。

1963 年 6 月 20 日，河南省人民政府公布中岳庙为河南省第一批文物保护单位。

消防通道

2003 年 6 月 25 日，国务院公布中岳庙为第五批全国重点文物保护单位。

2006 年 12 月，郑州市文物管理局、郑州市规划局、登封市人民政府和清华大学建筑设计研究院共同编制《嵩山古建筑群总体保护规划》，编制了中岳庙详细性保护规划。

2008 年夏，登封市文物管理局在中岳庙安装防雷、消防、安防等文物安全技术防范系统工程。

2010 年 8 月 1 日，中岳庙作为登封“天地之中”历史建筑群的重要组成部分，成功列入世界文化遗产名录。

中岳庙现由中岳庙民主管理委员会管理使用，保护状况良好。

御　路

御路，古称汉唐御路或辇路。从中岳庙后起，经黄盖峰、滴水棚、好汉坡，到青童峰顶青岗坪，向西过万岁峰北，越过铁梁峡至峻极峰。汉唐帝王游嵩多走此路，故《嵩书》《说嵩》及当地人称之谓汉唐御路。由于旧时帝王登嵩多乘辇而行，故又称辇路。武周女皇武则天、清乾隆皇帝皆是从此路登上嵩巅峻极峰。此路是古代登嵩四条古道中最宽的一

黄盖峰全景图

青童峰

御路

《谒中岳庙》诗石刻

条道路。现在中岳庙后、黄盖峰上下、宋家、滴水棚、好汉坡、青岗坪、铁梁峡等处，古御道痕迹明显可见。特别是滴水棚旁宽大微斜的石壁上镌刻的乾隆皇帝御制《谒中岳庙》五言诗（诗文见《艺文·古诗词》），清晰可见，引人注目。2001 年 9—12 月，随着新修筑的卢崖瀑布、一线天至青童峰、白鹤观登山步道竣工通行，此道游人虽然渐少，但熟悉嵩山者依然行走其间，感受丰厚历史文化的蕴藉。

中岳行宫及青岗坪庙

位于青童峰顶青岗坪。中岳行宫现存清代建筑三座：大门，三开间，青砖砌筑，小式硬山灰筒板瓦覆顶，当心间辟方形门，东次间殿顶已坍塌；中王殿及卷棚是行宫的主体建筑，殿为三开间，砖砌拱形窑洞，硬山式黄琉璃瓦覆顶，单伏单券拱形殿门，木板门；殿前卷棚，三开间，砖砌窑洞，顶为硬山式黄琉璃瓦，中为单伏单券拱形门，两扇木板门，

青童峰全景图

鸟瞰中岳行宫

中岳行宫

门两侧为圆形窗户。保存民国 8 年（1919 年）《重修中岳卷棚重修老母洞三教洞祖师洞厨房两间》碑、民国 14 年（1925 年）《补修中岳崇圣大帝》碑等碑 7 通。行宫西围墙为砖砌墙体，北半截尚有部分残墙。北围墙为自然小石块垒砌，保存较好。中岳行宫整体破损比较严重，亟待整修。

青岗坪庙在中岳行宫东侧不远处，清代建筑 3 座。三教洞（殿），为砖砌的一座三孔窑洞，平顶，洞门均双伏双券，分别为地藏、观音、祖师三洞（殿）。老母殿，在三教洞（殿）东数米处，三开间，硬山式出前廊，殿顶黄琉璃瓦为近年居庙者翻修新换。玉皇殿，在老母殿后，三开间，硬山式出前廊，殿顶 20 世纪 70 年代晚期已坍塌，今殿顶屋面为近年居庙者复建，亦为黄琉璃瓦覆顶。在老母殿与玉皇殿之间，近年居庙者新建东西配房各三间，小式硬山小布瓦覆顶。东配房南侧有大门一间，面向东，近年修筑。大门南侧近年新修伙房一间。整个庙院，小巧紧凑，民间信士时有往来，生活气息浓郁。院外有古树 2 株。

1996 年 8 月 14 日，中岳行宫及青岗坪庙被登封市人民政府公布为登封市第二批文物保护单位。

鸟瞰青岗坪庙

青岗坪庙老母殿

青岗坪庙玉皇殿

九龙宫

俗称龙王庙，位于中岳庙西墙外36米处。晚清重修，民国末期前后院东西厢房和院中全神殿渐次坍塌，仅余残墙或房基。

宫院南北长50米，东西宽30米，占地1500平方米。中轴建筑由山门、石坊、九龙殿组成，两侧辅以廊庑。山门，晚清建筑，面阔三间，进深四架椽，单檐小式硬山布瓦顶。山门前有一对石狮，清代雕造，座、狮通高2.6米。山门前30米处，有一方形古井，相传为汉武帝炼丹所用水井。井水四季不涸，古时供中岳庙村民和庙会众人汲水所用。井上原建有雕刻九龙的八角琉璃瓦覆顶的井亭，亭早毁，当地居民仍称“八角琉璃井”。清康熙十三年（1674年）《嵩山志》载：“八角井，汉武帝炼丹于此。”《说嵩》载：中岳庙“垣之西有古井，当深涧唇，水高于涧，无少渗渍，旸暵不涸，以资庙市汲。”《嵩岳庙史》载：“泉涌极盛，天中街居民皆借汲焉。”今石制井亭，为2006年重建。

石坊，2013年新建，三间四柱三楼式，坊顶雕仿木建筑。中门正面额刻“风调雨顺”，两侧坊柱镌刻对联曰“中岳腹地黄龙舞，山高林密凤长鸣”；中门背面额刻“道法自然”，

九龙宫牌坊

九龙宫大殿

两侧对联为“太室山上百云绕，峻极峰下道人家”。黄至杰撰文。坊址为1996年新建的民居式的全神殿，2012年中岳庙民主管理委员会拆除，改建为石坊。

九龙殿，为九龙宫主殿。清乾隆十五年（1750年）修建，晚清重修。面阔三间，进深三间，单檐硬山绿琉璃瓦覆顶。殿内彩塑龙王像。1997年局部检修。2008年维修殿顶，更新门窗。2021年4—6月，大殿明间后金柱、后檐柱、前金柱东柱和西次间西北后檐柱、后金柱的下部因白蚁食蚀，糟空严重，中岳庙道管会委托古建队将损毁殿柱下部墩接为0.3~1米的青石柱；更换后檐部分糟朽的椽子、飞椽，补配脊饰等。

九龙宫前院东、西配房各三间，硬山式出前廊，布瓦顶。后院东、西厢房各五间，硬山式出前廊，布瓦顶。均为2012年中岳庙民主管理委员会重建。

宫院内外有3株古柏，高者20余米，围粗2米左右，挺拔矗立，陪衬的九龙宫古朴典雅，清幽静谧。

1996年8月14日，九龙宫被登封市人民政府公布为登封市第二批文物保护单位。

老君殿

老君殿位于九龙宫东北不远处。清代大门1966年初冬被扒毁。今存老君殿为1998年在旧址重建，面阔三间，进深四架椽，硬山式出前廊，布瓦顶，棂门槛窗。殿内彩塑老君像。2011年12月14日，中岳庙村老君殿被登封市文物管理局公布入选登封市第三次全国文物普查不可移动文物名录。

无极殿

无极殿位于西华门外稍偏南。方形院落，殿房两座。大门面东，为单间硬山式布瓦顶建筑。主殿无极殿，1993年在清代旧址上重建，坐北面南，面阔三间，进深四架椽，硬山式出前廊，布瓦顶，棂门槛窗。殿内正中彩塑三尊神像，中为无极老母，东为太极老母，西为皇极老母；东西两侧各有6尊彩塑，统称十二老母。东挟屋名地母殿，西挟屋为齐天大圣殿。观音殿位于院内南侧，与无极殿相对。1997年11月重建竣工，面阔三间，进深四架椽，硬山式出前廊，布瓦顶，棂门槛窗。殿内彩塑观音老母像。2011年12月14日，中岳庙村无极殿被登封市文物管理局公布入选登封市第三次全国文物普查不可移动文物名录。

嵩山世界地质公园中岳庙社区地质遗迹

LOCAL RECORDS OF ZHONGYUEMIAO

2004年2月13日，在法国巴黎举行的第32届国际地质科学联合会上，联合国教科文组织组织专家评审团在世界范围内评选出首批28处世界地质公园，其中中国8处，嵩山作为其中之一顺利通过专家组评审，入选首批世界地质公园名录。中岳庙社区地处嵩山世界地质公园东南，有四处地质遗迹具有较高的代表性和观赏价值。

黄盖峰东侧、北面的嵩山第四纪冰川遗迹

嵩山地区发现保存较完整的冰蚀地形有U形槽谷、悬谷、冰斗、冰坎、鱼脊（刀脊）、角峰等。冰蚀地貌与冰碛地貌相配套，共同组成典型的冰川地貌。U形槽谷在嵩山南麓分布有几条，行迹完整，大多呈U形。因嵩山长期处于上升阶段，遭受侵蚀后在U形槽谷底部形成V形中谷。黄盖峰东侧寺里河沟U形槽谷长约2.3千米，宽约150~220米，谷宽底平，谷壁陡峻，谷坡上残留有冰碛物。上游有冰斗分布，冰斗在嵩山地区平行分布于海拔850~890米高度的山坡上，如青岗坪后沟冰斗，形态保留完整、易辨认，分布标高在海

U形槽谷

冰斗

拔 850 米以上，冰斗呈簸箕状，南、西、北三面石壁陡直（冰蚀崖），斗坡 70°~75°；斗壁由罗汉洞组石英岩组成，谷底为五指岭组绢云石英片岩；斗底平坦开阔并有冰碛物残存，斗径 450 米，向南东开口，在冰斗前缘由卢崖瀑布——冰坎。卢崖瀑布上部是悬谷，悬谷与 U 形槽谷相同，悬谷多平直伸展，横断面呈 U 形，与主谷交汇处陡然而下，呈现悬谷景观，即卢崖瀑布，由石英岩组成陡坎，高差达 250 米，寺里河沟陡坎高差达 110 米。嵩山南麓青童峰南坡之好汉坡，是由于冰川的刨蚀形成的冰蚀斜坡，坡度 3°~5°，在斜坡上保留有鼓丘、羊背石等冰蚀遗迹。

中岳庙断层

出露在庙后，地貌上多形成凹谷，为左行平移断层。根据细小断层角砾大多被磨圆并且被平直光滑的断裂切割，而断裂面又被多组节理切割破坏，以及角砾表面有多组镜面和擦痕等特征推断，该断裂层具有长期、多次活动特性。

断层纹路

中岳庙断层

浮丘峰背斜

浮丘峰背斜位于峰东偏北山谷北坡，浮丘峰背斜岩层由罗汉洞组石英岩组成，宽约 120 米，高约 60 米。东翼较陡，岩层产状为 70°∠40°；西翼较缓，岩层产状为 295°∠25°。浮丘峰背斜两翼倾向相反、倾角不等，轴面向西倾斜，应属倾斜背斜，其枢纽向北倾伏。岩层受力挤压而发生弯曲的现象称为褶皱。褶皱是普通的地质构造现象，浮丘峰是能够清楚看到嵩山背斜地质景观的地方。背斜的核部出露老地层，两翼则为新地层，形成背形，即岩层向上弯曲。

浮丘峰背斜东翼节理发育的地方，在节理面上可以看到清晰的变余交错层理。交错层理是指在一个单层中出现与岩层面斜交的层纹构造。层纹在顶部与主层理呈大角斜交，其底部层纹则收敛变缓，与主层理以小角度相切。因此，根据其"顶部角大，底部角小"原则可辨识地层之顶底。

槽状交错层理的层系界面为下凹勺形曲面，据此可判断地层的顶底和古环境中水的流向。槽状前积层长轴所在面会聚方向代表的倾斜方向即水流方向。

浮丘峰背斜

浮丘峰背斜两翼转折端张节理比较发育，节理面不平整，节理缝较宽、延伸距离短，局限单层岩石内不能切穿相邻岩层。而在背斜东翼，其产状近于直立，节理面光滑平直，延伸较远，切过不同岩层。

黄盖峰巅飞来峰构造

黄盖峰山头是一个飞来峰构造，地质证据有三：一是黄盖亭的东西两侧山坡下部岩层均为嵩山群五指岭组，而山峰的峰部却由罗汉洞组石英岩组成；二是黄盖亭附近岩石碎裂结构明显，表明有断裂层存在；三是黄盖亭东沟以东出露有向东倾斜的罗汉洞组成石英岩，由东向西逆冲在五指岭组之上。从地形上分析，两处的罗汉洞组高度东低西高，均有推覆于较新地层五指岭组之上的迹象，可能同属于一条由东向西逆冲的断层的上盘，由于地形切割遂形成飞来峰构造。

飞来峰构造

嵩山风景名胜区中岳庙景区

LOCAL RECORDS OF ZHONGYUEMIAO

中岳庙全景图

1982年11月8日，嵩山被国务院公布为第一批国家重点风景名胜区，景区总面积151.38平方千米。按照景区不同特色，划分为少林寺、少室山、会善寺、嵩阳书院、中岳庙、太室山、卢崖瀑布、观星台等八个景区。根据嵩山风景名胜区资源的历史、艺术、科学和观赏价值，划分为特级保护区、一级保护区、二级保护区、三级保护区。中岳庙景区，以道教文化为核心，面积7.9平方千米，属特级保护区，是国家、省级文物保护单位，有特殊观赏价值的自然景物，是嵩山风景名胜区的核心部分。按照风景名胜区资源评价分级标准，中岳庙属特级景点，太室阙是二级景点，黄盖峰、青童峰、地质遗迹大背斜及断层、九龙宫等为四级景点。中岳庙景区作为嵩山风景名胜区的重要组成部分，是独具特性和魅力的自然景观，并且具有丰富多彩的文化属性。

嵩山风光

中岳庙景区

黄盖峰风光

嵩山国家森林公园中岳庙林区

LOCAL RECORDS OF ZHONGYUEMIAO

社区北部林区

1986年12月经林业部批准，嵩山成为全国首批10个国家森林公园之一。中岳庙北部林区2.7万亩。据1982—1992年河南大学、国营登封林场等单位调查，林区内有野生和部分引种的木本和草本植物147科、643属、1540种。海拔1000米以下的山坡、梁脊和丘陵，主要有栓栎林、化香林、板栗林、槲树林、毛黄栌灌丛、野山楂灌丛、伞花胡颓子灌丛、殴李灌丛、荆条灌丛等。沟谷主要有黄橿子林、玉铃花林、黄连木、千金榆、大果榉、栾树、山合欢等。灌丛由小果蔷薇、扁担杆等组成。海拔1000米以下中山林地主

要有槲栎林、槲树林、短柄枹林、山杨林、黄檀林等，并常伴生紫椴、山荆子等。灌丛有三裂绣菊灌丛、六道木灌丛、杜鹃灌丛等类型。

中岳庙内外生长着汉至清古树334株，有古柏、国槐、毛白杨、皂角树、梧桐等树种，虽年久，但长势依旧旺盛。树形姿态，造型各异，或俯或仰，或曲或蟠，如卧羊、俏凤尾、似荷花、象奔鹿等自然造型，引人入胜，是嵩山国家森林公园中最具有代表性的古树景观之一。

社区西部林区

林区虫害“飞防”

望朝岭林区

中岳庙内古柏

中岳庙内古柏林

中岳庙景区

特色文化

非物质文化遗产

清康熙三十五年（1696 年）刊印《嵩岳庙史》中的“中岳庙会图”之一

清康熙三十五年（1696 年）刊印《嵩岳庙史》中的“中岳庙会图”之二

清康熙三十五年（1696 年）刊印《嵩岳庙史》中的“中岳庙会图”之三

中岳庙会

中岳庙会每年分别在农历三月和十月各举办 1 次，每次会期 1 个月。中岳庙会不仅是各地香客朝拜中岳的盛会，还是各地商贾热衷参加的商品交易会。中华人民共和国成立后，改会期为 10 天，古庙会改办成物资交流大会，其规模越来越大，特色突出，享誉中外。以 1952 年为例，中岳庙物交会上展销产品 283 种，参观者 8 万人次。20 世纪 80 年代，中岳庙会进入鼎盛时期，日流量达 10 万人以上。据 1984 年 10 月庙会统计，有 8 省、12 市和 5 个国家的商业届人士与会，上会人数达 110 万人次，参加物资交流的工商企业 750 户，成交额 220 万元。20 世纪 90 年代以后，古庙会人数逐渐减少，规模逐步缩小，经济效益逐年下降。2000 年后，古庙会再次兴盛。据不完全统计，省内外商户达 100 多家，营业额 200 余万元，参与庙会经营的当地群众人均纯收入均在 1500 元以上。2005 年庙会期间，人流量直线上升，全年上会人数达 50 万人，营业额达 450 万元。中岳庙古庙会的健康发展繁荣了登封经济，已成为宣传登封的一个窗口。

每月中岳庙还有小型庙会，分别在农历正月初七、二月十一、三月初十、四月初八、五月二十、七月初三、十月初十、每月十五等时间举行，会期一天。

庙会盛况

庙会人流

庙会演出

庙会民俗表演

庙会演出

庙会非遗表演

2007年2月6日，中岳庙会被河南省人民政府列入河南省第一批非物质文化遗产名录。

中岳庙大殿老龙盘窝的传说

中岳大殿上悬着一个木笮子做的老龙窝，游人一仰脸就可以望见。据说，是鲁班造的呢。

清朝乾隆皇帝命地方官重修中岳庙。开工不久，来了一个老头，头戴破毡帽，身穿破棉袍，腰里束根草绳。一把破锛挑着一个篮子，里面放着几件木匠用的家伙。他在修大殿的木工棚下，立了好久，也没人答理他。

老头等了一阵，放下篮子，笑眯眯地问："谁是领作师傅？"

连问几声，没人搭腔，一来大家都在忙着做活，二来大家看他那样子，以为是来混饭吃的。

老头见此情形，哈哈大笑说："我是奉旨而来，要是用不着，我可要走了。"

领作的一听是奉旨而来，慌忙拦住，问道："老头，你这股劲会干啥？"

老头说："你请分配了，分哪去哪，叫做啥做啥。"

领作的心想：说的好听，你这股劲，要是做坏材料，还该我倒霉。他看了看工棚外面有一个大柏树疙瘩，就指着说："哎，你就把这做做吧！"

“你看这做成啥？”老头问。

“你看着请做啦，做成啥是啥。”领作的回答。心想：这你就做不坏材料了。

老头把这柏树疙瘩滚到山门底下，见天量量、测测，锛锛砍砍。终日起五更打黄昏，只见他忙。从山门下过往的人无不讥笑。

一天，老头来到工棚里，笑眯眯地对领作的说：“做好了，你去看中不中？”

领作的心想：一个柏木疙瘩，会做个啥，有什么看头！准是这老头不想在这里了，不过，看看也没啥，就跟着老头去了。

说也奇怪，远远望去，还是囫囫囵囵的柏树疙瘩，走到跟前，老头用脚一蹬，“哔啦”一声，这个柏树疙瘩就成了大大小小的各种木笮子。领作的一看，就怔住了，停了一会才问：“这是咋回事？”

老龙盘窝

老头说："那边鲁班来了，你问他！"

领作的扭头一看，没人，就问："在哪？"

"就这里。"老头在空中说，"回去把这木笮子合成一个老龙窝，悬在大殿的顶上。"

说罢就不见了。

木匠们听说这事，都赶出来看鲁班。大家都很懊悔，当时怎么就没想到这是鲁班爷爷呢。后来，他们按照鲁班的吩咐，把这些木笮子做成了老龙窝，悬在大殿上。

现在这老龙窝，还很好地挂在那里呢。

（韩有治整理 摘录《嵩山旅游》，登封县外事办公室，1981 年 7 月编印）

2021 年 7 月 15 日，中岳庙大殿老龙盘窝的传说作为嵩山木雕的组成部分被河南省人民政府列入第五批河南省非物质文化遗产名录。

猩猩怪

中岳庙社区的猩猩怪表演，至迟在清代已享誉盛名，通过在春节期间节庆活动、三月十月庙会、中岳大帝寿诞日等重要节日的传统民俗表演中得以延续和传承。表演道具有

猩猩怪表演

猩猩怪皮 1 张，刀、枪、棍等，乐器有鼓、镲、锣等。一人披猩猩怪皮，跳、蹦、翻、滚，舞出不同的动作，逗人欢欣。舞动时，燃放鞭炮，锣鼓齐鸣，以示助兴。猩猩怪属武社，由于表演形式灵活多样，惊险刺激，滑稽诙谐，很受人们的喜爱。2008 年 3 月 24 日，猩猩怪被郑州市人民政府列入郑州市第一批非物质文化遗产名录。

中岳庙铁人的传说

中岳庙古神库四角站立着四个宋代铁人，身高 7 尺多。这四个铁人铸造于宋代治平元年（1064 年）。庙宇讲究对称，据说，原先路西的无字碑亭四周也有四个铁人，一共是八个，一边四个，分别站在东西两边，遥相对称，十分威严。但多少年来，人们看到的却只有东边这四个铁人。西边的铁人哪里去了呢？

据说，北宋末年，金兵南侵，民族英雄岳飞率领岳家军转战黄河两岸，给入侵者以沉重的打击。中原儿女纷纷投奔转战岳家军为国效劳。后来，抗金浪潮波及嵩山脚下，震撼了幽静的中岳庙。庙里的八个铁人也都摩拳擦掌，跃跃欲试。他们暗地议论说：“一旦亡国，人民受罪，我们岂不也成了亡国奴！我们都是堂堂七尺的汉子，手中又握着枪、刀、

摸铁人

剑、戟，不如奔赴前线，杀它个人仰马翻，为民立功。待敌人退去，我们胜利凯旋，岂不受人尊重？”

八个铁人主意已定，便在一个月明星稀的夜晚，乔装改扮，身带兵器，瞒过看守大门的翁仲，悄悄地向北走去。天尚未明，就来到了黄河岸边。

渡口有一个摆渡老人，一听这几个人要渡河去参加岳家军，非常高兴，便慷慨地答应帮他们渡河。无奈船只太小，八个人乘不下，只好分两次摆渡。第一次渡过四个人，待第二次渡剩下的四个人时，天已大亮。四个铁人此时才看清楚老人的小船宽不足三尺，长不足八尺，便惊疑地问：“你这小船能承得住我们四个人？”摆渡老人十分不快地回应：“咋？恁是铁人？”不料此语一出道破玄机，四个铁人立时现出原形动弹不得。恰在此时，中岳庙道主派人也找到了黄河岸边，发现尚未走脱的铁人，硬把他们推到大马车上往回拉。铁人们不愿回来，便在车上跺脚挣扎，弄得车子东摇西摆，难以前进，竟在回来的路上累死了两匹拉车的大马。

那四个过了黄河的铁人投入了抗金队伍，剩下的四个铁人无奈又回到了中岳庙。由于人数不够，只能看守东边的神库，所以西边的碑亭一直没有卫士。这四个铁人由于失去报效国家的良机而终日悔恨。你瞧，直到如今，他们四个那种挥手握拳、满面怒容的神态，分明还在生气呢！

（李书建搜集整理 摘录《登封市志》，登封市地方志编纂委员会，2008 年 10 月）

2009 年 12 月 31 日，中岳庙铁人的传说被登封市人民政府列入登封市第一批非物质文化遗产名录。

岳飞题词中岳庙与焦盖烧饼的来历

宋高宗绍兴十年（1140 年），岳飞大破金兵于蔡州（上蔡）入登封。带领牛皋等人，瞻拜中岳庙，当走到将军门门时，思绪万千，岳飞要来笔墨，将自己所思所想题写在墙壁上：

目中原板荡，夷狄交侵，余发愤河朔，起自相台，总角从军，历二百余战，虽未能远入夷荒，洗荡巢穴，亦且快国仇之万一。今又提一旅孤军振起宜兴，建康之役一鼓败虏，恨未能使匹马不回耳！故且养兵休卒，蓄锐待敌，嗣当激励士卒，功期再战。北逾沙漠，喋血虏廷，尽屠夷种，迎二圣，归京阙，取故土，上版图，朝廷无虞，主上安枕，余之愿也！

焦盖烧饼

岳飞一吐为快，将自己的心愿表达得淋漓尽致。从中岳庙出来，岳飞等人径去嵩山北麓的巩县祭罢皇陵。遂率军东去在朱仙镇大破金兵，正要渡黄河北上，却被奸贼秦桧陷害。登封人民闻之，个个怀念岳飞，痛恨秦桧的阴险凶诈，骂秦桧是王八。于是有人便用面团做成乌龟饼，取名“烧桧”，在市场上销售，人们在食用前还要骂上几句：

秦桧秦桧你是鳖，

残害忠良毒如蝎。

吃尔肉喝尔血，

先把你的鳖盖揭。

后来，由于有头有尾的“烧桧”在炉子里翻转烘烤多有不便，就将它的头、尾等去掉，经过传承改进，演变成今天圆形的“登封焦盖烧饼”。这种烧饼的制作，工序复杂，用发面、死（硬）面、食油、五香粉、盐、芝麻等食材制作，做好后，放在火炉上烘烤，成熟后，带芝麻的焦盖就会翘起来，入口酥脆焦香，外焦里软，焦中透香，是登封著名的名优小吃。

2009 年 12 月 31 日，岳飞题词中岳庙与焦盖烧饼的来历作为焦盖烧饼的主要内容被登封市人民政府列入登封市第一批非物质文化遗产名录。

中岳庙道教祭祀音乐

秦汉以来祭岳封神，道教音乐具有烘托、渲染氛围的作用，与法事音乐、道场音乐组成中岳庙三大道教音乐之一。由于中岳庙道教祭祀音乐多用于礼制活动中，中规中矩，古时是不能随便演奏的，故流传下来的资料极少。音乐有独唱、齐唱、散板式吟唱和鼓乐、吹打乐以及合奏等多种形式。单纯的乐器形式常用于活动的开头、结尾、唱曲的过门以及队列变换、禹步（类似舞蹈的步法）等场面。声乐形式则是祭祀音乐的主要部分。约2004年前后，中岳庙道教经乐班恢复，承担道教祭祀音乐的搜集整理与演奏。2014年3月，中岳庙道教经乐团成立，专业人员20余人，从事道教祭祀音乐演奏。

2012年3月7日，中岳庙道教祭祀音乐被登封市人民政府列入登封市第二批非物质文化遗产名录。

道教音乐演奏

挑经担

挑经担，又名“挑花篮”。至迟在宋代已经在中岳庙会上兴起，主要是民间信士在祭岳、祈祷丰收、感谢岳庙祈求灵验等活动中，为表达对中岳神的恭敬虔诚之心，用荆条编织的六棱经担（也叫花篮），配以小鸟、花卉等装饰，精巧玲珑。她（他）们肩挑经担，口念经文，唢呐乐器伴奏，随着轻松舒缓悠扬的音乐节奏，走出变换多种步伐、队形的挑经担形式，引人瞩目。挑经担自清代晚期以后，多由中老年女信士组成，少则数十人，多则数百人，唢呐、鼓、镲、锣等乐器伴奏，挑经担队伍犹如长蛇蜿蜒，挑起来颇似龙飞跳跃，鲜艳华丽的服饰，悦耳动听的乐曲，娴熟自由的祝厘词语，吸引诸多观看者。

2012 年 3 月 7 日，挑经担被登封市人民政府列入登封市第二批非物质文化遗产名录。

挑经担

风土民情

LOCAL RECORDS OF ZHONGYUEMIAO

美食小吃

中岳庙社区的美食小吃均是中岳庙会流传下来的，已有数百年的历史，有着浓厚的地域文化特色。

浆面条

浆面条是中岳庙社区传统小吃，明清至今已有数百年的历史，又叫小罐饭，常见于中岳庙会上，是家常面条饭食的一种，与常见的面条味道截然不同。浆面条的主料是面条，配料是一种特制的面浆水。做浆时，先把绿豆或豌豆用水浸泡，膨胀后放在石磨上磨成粗浆，用纱布过滤去渣，放在盆中或罐里。一两天后，浆水发酵变酸，把酸浆倒在锅里煮至80℃，浆水表层泛起一层白沫，用勺子轻轻拍打浆沫，待浆沫消失，浆体变得细腻光滑，放入香油、五香粉等调料，等浆水煮沸，把面条下锅，勾入面糊，再放盐、葱花、姜末、花生、芝麻、黄豆、芹菜、辣椒油等调料，搅拌均匀，浆面条做成。食之余香满口，回味无穷，备受人们喜爱。

炒凉粉

炒凉粉是中岳庙社区传统小吃。凉粉以红薯或绿豆淀粉打制而成，炒凉粉是以凉粉为主要食材，加入少量食油，把凉粉放入平底锅内，佐以豆酱、葱、姜、少许青菜，用锅盖盖住焖少许时间即可出锅。炒好的凉粉热香鲜嫩，焦而不糊。常见于中岳庙会和庙前旅游服务市场，食者络绎不绝。

浆面条

炒凉粉

丸子汤

丸子汤

丸子汤是中岳庙社区传统小吃。汤味浓厚，丸子嫩香，咸香爽口。制作方法：先将精瘦肉洗净，切块，和葱剁碎，放入盆内，加入精盐、鸡油、胡椒粉、味精，把鸡蛋搅拌均匀，加水150毫升，随倒随搅，和成肉泥；然后用小勺舀糊，在热油锅炸制成熟；最后往锅内放油，把胡萝卜丁、葱头丁放入，随之放入胡椒粉、干辣椒，炒熟加入精盐，调好口味，加水，水开把丸子放入，微火稍煮，撒上香菜即可。常见于中岳庙会和庙前旅游服务市场，食者络绎不绝。

红薯面条

红薯面条

红薯面条是中岳庙社区传统小吃。红薯面条先用开水和红薯面，加点碱面，这样不会太软。手工擀制，切成小手指宽细的面条，下锅煮面，快熟时，放入新鲜青菜，捞出面条放入碗中，浇上蒜汁，搅拌后即可食用。味道鲜美，筋道滑溜，甜润爽口。庙会、旅游街市均可见到。

生活习俗

婚嫁习俗

提　亲　即过去的说媒，沿袭“父母之命，媒妁之言”，先由媒人提亲，男方再向女方提婚。改革开放以来，流行婚恋自由，婚姻之事男女双方谈好，请一位象征性的媒人即介绍人从中说合，双方家长见面商量确定下来。

相　亲　经介绍人说合之后，男女双方一般都会提出看一看对方，即相亲。相亲分偷相、明相两种。偷相是双方佯装不知，在事先约好的地点，偷偷相看对方。相中了，由介绍人告知对方；如一方不满意，象没相过一样。明相即先有女方到男方家中（或事先约定的地点）去相，男方家长给女方备有礼物，或手表、或镯子、或数额不等现金等。若相不中，以不接礼物委婉拒绝。双方满意，再约定时间，由介绍人陪同男方到女方家中，双方家长见面，互相征求意见。

订 亲 旧时的订亲规矩十分严格，有订亲仪式：订立婚约、交换礼物、或立媒妁人等。现在已经没有过去“下契”的程序，仪式简单但很隆重。相亲后，择吉日双方订亲，参与人员都是双方家族至亲。仪式上，男方长辈要给女方发红包。此时男女双方正式改口叫对方父母及长辈称谓，然后交换礼物。

登 记 男女双方到民政部门依法领取结婚证，正式成为合法夫妻。而此后举行的结婚仪式，则是民间认可的结婚形式。

看好、送好 看好是确定结婚迎娶的好日子（吉日吉时和方位等），在古代六礼中叫“纳吉”。男方长辈依据男女双方生辰八字，请懂礼仪“先生”测算，定下吉日，写好婚书（即“好儿”），男方择日将写有婚期的帖子（婚书）送到女方家，叫送好。所带礼物用红包袱包裹。

送 红 又说送蜜食。男方送去女方婚礼当天要穿戴的红裤子小袄及首饰。按风俗，结婚当天，女方穿戴不能带走娘家一根线，所有穿戴必须由男方准备。男方送去的“红衣裳”，用红布（红纸）包着，都是红色，所以称“送红”。送红时还要送蜜食给女方。蜜食是一种油炸食品，抹上蜂蜜，撒些芝麻，吃起来香甜脆酥可口。让女方用来回赠前来添箱送礼的亲朋好友。

抻 床 婚礼前夜，在悠扬嘹亮的唢呐声和噼里啪啦的鞭炮声中，男方父母给孩子（新郎）抻新床，意味着孩子明天长大成人，娶妻成家立业，父母为孩子再尽最后一次抻床叠被义务。当晚，男方和没结婚的弟弟或表弟、侄子等睡在新床上，俗称“压床”。

婚 礼 婚礼当天，新郎吃一碗饺子，预示娶亲一路顺利圆满。行礼朝祖。迎亲队伍由新郎、引礼人、驾毡、娶女客、伴郎、礼炮手、乐队等组成。到女方家迎娶新娘，在女方家司仪引导下，新郎披红绸，谢厨，拜祖，三请新娘，一对新人拜别女方长辈。女方送亲队伍包括长辈、兄和嫂、弟和弟媳，送者（对应娶者），伴娘等。婚礼一般在中午前礼成，新娘进大门时新郎的弟弟或朋友往新娘头撒喜钱、喷彩条，以驱邪气，保吉祥。新郎新娘拜天地、拜高堂、夫妻对拜之后入洞房，整个婚礼圆满完成。

生诞喜庆

送喜面 又叫满月。孩子出生后，男方要到女方家报喜，并带去“喜面”（面条）。女方妈妈拿着回鸡蛋、红糖到女儿家，用红线拴上钱给孩子“挂锁”。孩子满月，择吉日“送米面”，亲朋好友、街坊邻居、同事等以带米面为主，或带婴儿衣服前来祝贺、道喜。男方设宴招待来客。

祝 寿 60岁以上老人“过生日”叫祝寿。逢十大庆，平常小庆。给老人祝寿，后辈们聚在一起，摆酒席，煮“长寿面”，子女把自己碗中面条向老人碗中添加，叫“添寿”。内亲、厚友来祝贺，送来的礼品，称“寿礼”，挂面称“寿面”，鸡蛋称“寿蛋”，红糖称“寿糖”，幛子和匾额叫“寿幛”“寿匾”。祝寿时，大门贴寿联，老人穿戴整齐，坐上首位，鸣放鞭炮，晚辈依次给老人磕头，恭敬地向老人献上寿果和寿蛋。老人则把这些食品分给众人同享，参加寿宴是替老人“嚼灾”。大家祝酒、品菜，共享天伦之乐。

“六十六，吃块肉。”父母66岁生日，出嫁的闺女回娘家给父母拜寿，寿礼是一块肉。买肉时不能计较肉的多少，须一刀割下来，以示对老人的一片心意。

岁时节俗

春 节

农历正月初一，俗称“过年”，是一年之中最重要的传统节日。中岳庙社区居民从腊月下旬开始、尤其是小年后，各家开始筹办年货，以备春节享用。故民间有“吃罢祭灶饭，就把年来办”的说法。多年来也形成了古老的习俗，“二十三，祭灶官；二十四，扫房子；二十五，磨豆腐；二十六，割块肉；二十七，杀只鸡；二十八，剃傻瓜（指理发）；二十九，买坛酒；年三十，贴门神儿；大年初一儿，撅起屁股乱作揖儿（指互相拜年）”。节前安排忙碌而有序。最隆重的过年仪式是：除夕贴对子、门神、满院春光、出门见喜，包年夜饺子，放鞭炮安神，烧香祭神，给家中长辈拜年，全家人围坐炉旁吃饺子、闲叙一年来的收获、熬年（守岁），夜半零时放鞭炮迎接新年到。大年初一的主要活动是拜年。早饭是饺子，在饺子中包一枚硬币，谁吃住包硬币的饺子谁新的一年有“福”。吃罢饺子拜年，大多数成年人见面是口头互致新年的问候和祝福。正月初二拜节以后，社戏等民间

对联摊位

娱乐活动也隆重开始，一直延续到正月十九，年味慢尽。

元宵节

农历正月十五，是传统节日元宵节。民间有“神过十五，人过十六”说法，因此元宵节一般过两天。中岳庙社区距离市区近，正月十五这天，很多人都到市区观看文武社表演如狮子、旱船、竹马、秧歌、高跷、小黑驴、猩猩怪等；晚上还可行走市区、公园赏灯、猜谜语等。饮食方面时兴吃元宵，俗称“汤圆”和喝茶糊涂等。正月十六和大年初一习俗基本一样。

二月二

传说农历二月二是天上主管云雨的龙王抬头的日子，从此开始，雨水渐多，天气渐暖，万物复苏。民间谚语有：“二月二，龙抬头；大囤满，小囤流。”寄托着五谷丰登的愿望。还有这天烙煎饼，将煎饼放在囤粮和粮食缸上，俗称“糊囤口儿”，意为取之不尽，用之有余。有小孩理发，兴旺发达的寓意。

元宵节射箭演出

元宵节汉服走秀

清明节

按照传统习俗，清明节是扫墓祭奠、缅怀先人的日子。当代又赋予了祭奠革命先烈的内容，中岳庙社区的中小学生到附近的烈士陵园扫墓，到登封革命烈士纪念馆，学习铭记先烈英雄事迹。

端午节

农历五月初五，又称“端阳节”。当天赶在太阳未升起来时，家人给小孩手腕、脚腕佩戴五色线，鼻孔、耳朵的边沿涂抹雄黄酒，身上佩戴香囊（香布袋），寓意免毒虫伤害，健康成长。中岳庙社区有粽子、门上插艾草的习俗。因此有“五月五，是端午。门插艾，香满屋。抹雄黄，佩戴香囊喜洋洋”的民谣。

夏　至

每年公历 6 月 21 日前后是夏至日，标志着炎热的开始，这天阳光直射北回归线，北方白昼最长、夜晚最短。中岳庙社区居民有吃面天的习俗，表示天长，即夏至面。还有去告成周公测景台观看测量日影，欣赏“天地之中‘无影’”奇观的习俗。

七夕节

农历七月初七，相传这个夜晚织女与牛郎在天河鹊桥相会，是我国传统节日中最具浪漫色彩的一个日子。传说这晚在葡萄架下静坐，隐约还能听到织女和牛郎说话呢！

中秋节

农历八月十五，称中秋节。夜晚有祭拜月神吃月饼的风俗。民间流传中秋节的天气如何，往往和正月十五元宵节相对应，倘若八月十五“云遮月”，来年正月十五便“雪打灯”，似乎成了民间流传的气象规律。

重阳节

农历九月初九，称“重阳节”。民间有登高望远的习俗。重阳节前后，中岳庙社区的浮丘峰、黄盖峰、玉案山、蝎子山上，盛开的野菊花遍布山野，黄澄澄的，景色独具。有人采摘野菊花，晒干，做枕头，能健脑醒目；泡茶喝，清热去火。

腊　八

农历十二月初八，俗称“腊八”。中岳庙社区有“吃稠米饭”的习俗。近年来又流行泡腊八蒜。

冬　至

每年公历 12 月 22 日前后是冬至，表示着冬天的来临。到了这一天，民间普遍有吃饺子的习惯，俗语讲“冬至疙瘩（饺子）夏至面（面条）”，即含此意。传说冬至吃了饺子冻不掉耳朵。所以，冬至这天，

吃饺子习俗

有无论贫富都要包饺子吃的习俗。

祭 灶

农历腊月二十三，又称“小年”。民间流传有“糖果儿集到二十三，离年还有整七天”的说法。这天是民间祭祀灶王爷的日子。传说这天黄昏，灶王爷要上天向玉皇大帝禀报民间善恶之事，请玉皇大帝赏罚。为了让灶王爷在玉皇大帝面前多进吉言，降临好事，在灶王爷上天之前敬上芝麻糖或糖瓜，只能说甜言蜜语，或粘住牙齿，想说坏话也张不开嘴。故民间流传祭拜灶王爷时，嘴里还小声念道：“年年有个二十三，灶王老爷要上天，有大马，有草料，路途平安顺利到。供上糖果把你甜，玉皇面前进好言。”

方言土语

称 谓

老太爷：爷爷的爷爷，称高祖父。

太爷：爷爷的父亲，称曾祖父。

太婆、太奶：爷爷的母亲，称曾祖母。

爷爷：父亲的父亲，称祖父、王父。

奶奶：父亲的母亲，称祖母。

大爷、奶：父亲的伯父、母。

二爷、奶：父亲的叔父、婶。

爹：父亲。

娘：母亲。

老干大、干爹，老干娘、娘：义父母。

伯：父亲的哥哥。

姆：伯父之妻。

叔：父亲的弟弟。

婶子：叔之妻。

姑：父亲的姐、妹。

姑父、姑夫：姑的丈夫。

（姑）表哥（弟）：姑的儿子。

（姑）表姐（妹）：姑的女儿。

秀子：妻子。

哥：比自己年长的胞兄。

嫂子：哥之妻。

兄里：比自己晚出生的胞弟。

兄里媳妇：弟弟的妻子。

叔伯哥、兄里：父亲的哥、弟的儿子。

姐：姐姐。

姐夫：姐姐的丈夫。

老公公：丈夫的父亲，随丈夫呼为爹或爸爸。

婆子：丈夫的母亲，随丈夫呼为娘或妈妈。

歇后语

十五个吊桶打水——七上八下

石淙河里的魚——七上八下

刘碑集——有外人

库庄集——有外人

庄头耍狮子——玩麻哩（旧时用麻做的狮子皮）

南街的火神——甭说闲话

超化集——算（蒜）事（市）

纺花车搬到当院里——亮小妮的本事

罐里摸鳖——有跑儿

枣核儿解板——有几句（锯）儿

鼻孔里塞软枣——小事（柿）儿

犁地淹死牛——伤（墒）透了

土地爷牵猴——老玩家

老虎推磨——吓人乎乎（呼呼）

庙院长草——慌（荒）神了

年画里的鱼——好看不中吃

嵩顶上摆手——高招

听说书掉泪——替古人担忧

火神庙求雨——走错门

八仙聚会——神聊

八月花椒——龇牙咧嘴

年三十逮兔子——有它也过年，冇它也过年

呱呱鸡上南坡——各顾各

哑巴进庙门儿——只磕头，不说话

铁匠炉里的铁——光看不敢摸

面汤锅里煮汤圆——糊涂蛋

反贴门神——不对脸

瞎子放驴——不敢松绳儿

棒槌拉二弦——粗而糙

老鼠拉木锨——大头在后头哩

老鼠钻到风箱里——两头受气

老鼠给猫捋胡子——拼命巴结

二十亩地一颗谷——单根独苗

磨道里找驴蹄——有事找事哩

鼻涕流嘴里——自己吃自己

狗咬耗子——多管闲事

老牛掉到枯井里——有劲使不上

下坡骑驴——一步跟不上，步步跟不上

隔门缝吹喇叭——响声在外

苍蝇洗脸——假干净

艺文

LOCAL RECORDS OF ZHONGYUEMIAO

古诗选

唐宋以降，已知歌咏嵩山中岳庙的诗文多达数百首（篇），仅清《嵩岳庙史》收录就多达百余首（篇）。这些诗文不仅是文词优美的文学作品，还蕴含了历代丰富的岳祠文化特性和传承脉络。限于篇幅，选择40余首（篇），以飨读者。

嵩山夜还

［唐］宋之问

家住嵩山下，好采旧山薇。

自省游泉石，何曾不夜归。

岳　馆

［唐］沈佺期

洞壑仙人馆，孤峰玉女台。

空濛朝气合，窈窕夕阳开。

流涧含轻雨，虚岩应薄雷。

正逢鸾与鹤，歌舞出天来。

归嵩山作

［唐］王维

清川带长薄，车马去闲闲。

流水如有意，暮禽相与还。

荒城临古渡，落日满秋山。

迢递嵩高下，归来且闭关。

嵩山采菖蒲

［唐］李白

神仙多古貌，双耳下垂肩。

嵩岳逢汉武，疑是九疑仙。

我来采菖蒲，服食可延年。

言终忽不见，灭影入云烟。

喻帝竟莫悟，终归茂陵田。

送嵩客

［唐］白居易

登山临水分无期，泉石烟霞今属谁？

君到嵩阳吟此句，与教三十六峰知。

府尹王侍郎准制拜岳因状嵩高灵胜寄呈三十韵

［唐］尉迟汾

雄雄天之中，峻极闻维嵩。

作镇盛标格，出云为风雨。

瑞时物不疠，顺泽年多丰。

加高冠四方，视秩居三公。

明朝虔昭报，颁祀岁严恭。

署祝纡御札，诏贤导宸衷。

皇皇三寸守，馨德清明躬。

肃徒奉兰沐，竟夕玉华东。

星汉耿斋户，松泉寒寿宫。

具修谅蠲吉，曙色犹葱曚。

端仪大圭立，兴俛声玲珑。

挹瓒椒桂馥，奏金岩壑空。

灵歆若有答，仿佛传祝工。

卒事不遑偃，胜奇分四丛。

朝霞破林嶂，错落间苍红。

动息形似蚁，玄黄气如笼。

奔倾千万状，群岳安比崇。

日月襟袖捧，人天道路通。

冥搜必殚竭，跻览忘崎穷。
踏翠遍诸刹，趣绵步难终。
浮丘仙袂接，谢公屐齿穷。
龙潭应下瞰，九曲当骇容。
龙门计东豁，三台有何踪。
金像语奚应，玉人光想融。
瑶浆与石髓，清骨宜遭逢。
况是降神处，迹维申甫同。
周翰已洽论，伊衡亦期功。
诚富东山兴，须陟中台庸。
勉促旋騑骖，未可恋云松。
散材事即异，期为卜一峰。

谒中岳祠

[宋]李廌

岳镇中天司下土，名山宫殿锁云扃。
固知正直作威福，岂徇往来惟醉醒。
封禅今无秦汉侈，降生谁是甫申灵。
何当弭节朝双阙，一曲钧天梦帝庭。

游嵩山诗

[宋]程颐

鞭羸百里远来游，岩谷阴云暝不收。
遮断好山教不见，如何天意异人谋。

黄盖峰

[宋]楼异

一片黄云驻不飞，中天帝子若何知。
不须更问玉人事，自有嵩高峻极诗。

中岳庙

黄盖峰风光

自峻极中院步登太室中峰

[宋]范仲淹

白云随人来，翩翩疾如马。

洪崖与浮丘，襟袂安足把。

不来峻极游，何能小天下。

次韵试可岳祠祭土宿斋

[宋]道潜

神祠斋馆卧眈眈，五鼓星河屡起瞻。

剑佩森森趋帝右，衣冠肃肃奉宸严。

风传远壑松千树，人拥回廊月一帘。

四岳旌幢初会散，晨乌声动庙竿尖。

侍祠太室

[金]周昂

设燎彤庭敞，悬灯玉殿深。

星河含爽朗，城阙动阴沈。

祇慄诚初荐，馨香德已歆。

清风动云幕，有喜见神心。

中岳投龙简并序

[元]吴全节

皇庆二年岁在癸丑四月人吴全节、正议大夫太常寺卿李允中，奉金龙玉简投。

阳城天地中，坤灵奠神岳。

积翠千层霄，元气远盘礴。

降神生申甫，形势控伊洛。

谽谺虎豹蹲，偃蹇蛟龙跃。

猛士横戈矛，奇阵出帷幄。

簇簇罗旌旗，巍巍耸台阁。

玉境为谁开，金柜为谁钥。

远近列画图，周遭峙郛郭。
万状不可名，起伏互连络。
皇皇圣帝居，历代重封爵。
老柏浮苍烟，古殿蚀丹艧。
天朝混华夏，秩礼时优渥。
皇庆二载春，宵旰轸民瘼。
有旨醮长春，玉简命新琢。
诏臣走登封，香币致虔恪。
邃洞藏宝符，琼音降笙鹤。
三呼今复闻，祥风度天乐。
小臣奉明祀，三使陟云崿。
箕山胜可家，颍水清可濯。
遐想饮牛人，高风动寥廓。
赐玦知何时，分我云半壑。
歌诗勒嵩珉，用赞圣人作。

嵩　山

［元］汪元量

客行天地中，嵩峰何突兀。
鸟道阻且修，马烦行复歇。
一入玉女窗，便觉幽兴发。
好鸟鸣嘤嘤，细草乱如发。
石城荫青松，琼壁白喷雪。
中有神圣居，飞甍半摧折。
宝绘翳苔莓，古碑字亦灭。
莫辨千载事，焉能踏仙辙。
徒有感慨怀，脉脉泪不绝。

行行太室峰，秋声若鸣镝。
流目瞩崎岖，蓬莱应咫尺。

上有神仙区，下有穆王宅。
徘徊复徘徊，泫然感畴昔。
八骏不重来，秋山空月白。
安得会璆韶，共作瑶池客。

中岳投龙简

[元] 蒲理翰

自喜华巅预此行，远赍纶旨告功成。
典谟会与唐虞并，文武更祈申甫生。
人意达时天意合，金龙投处蛰龙惊。
归途岩壑清风响，疑是当年万岁声。

谒中岳庙

[明] 邹守愚

帝命严禋祀，齐心奉德馨。
趋庭周礼乐，镌石汉碑铭。
云护九天气，地专四岳灵。
早来传万岁，隐隐静中听。

天中阁

[明] 杜文焕

高阁在天中，去天更几许？
举首撼天关，欲与天人语。

谒中岳庙

[明] 金忠士

嵩阳弭节万峰青，中有明祠奉德馨。
禋祀蚤陈周礼乐，坛壝久载汉碑铭。
虚传玉璧藏神府，真见黄云护道经。
一自观风河洛后，受釐此地感山灵。

青童峰

［明］傅梅

青童者谁子，捧书自来去。

山高白云深，茫茫不得语。

黄盖峰

［明］傅梅

一峰出木末，端整更无奇。

只有黄云色，东南覆岳祠。

浮丘峰

［明］傅梅

浮丘栖隐地，云白与山青。

自从仙举后，惟传《相鹤经》。

遥望浮丘峰

谒中岳庙

[明]吴用先

嵩阳宫殿倚云隈，六六峰头秀色来。
绕郭层峦螺髻列，插天群嶂锦屏开。
苍松翠柏烟凝树，玉笈金函雾锁苔。
缥缈洞箫丹凤下，谁言尘世隔蓬莱。

入黄盖山后峰

[清]王铎

记得曾题处，潇然众壑音。
缘云俯旷荡。履斗据高深。
异鸟寻灵木，贞花就古岑。
樵青催客兴，馀绿远沉沉。

黄盖峰有闻

[清]王铎

幽兴随山触，足音与斗悬。
瘿松翻绿浪，飞石阁青天。
难得兵车合，空闻羽檄传。
祷嵩倘意注，目断郜城烟。

中岳庙火

[清]王铎

古庙庄严金碧铺，竭来祥火变丘墟。
灵花锦石归馀烬，鸾葆虬车委乱途。
天地何心来恐惧，鬼神堕泪岂虚无。
三华二室剥床近，松柏风号夕照孤。

登岳庙天中阁看山感时

[清]王铎

四围紫逻坐相望，突兀高峰划大荒。
谁复凌空呼帝座，我今乘胜挹天浆。
香烟古庙通灵气，石路神丘点太阳。
冻草暮云无限意，汉家封禅旧山房。

高阁凌虚岳色开，朔风萧瑟自天来。
秦关未断兵戈气，洛水还闻租税催。
极目紫霄双洒泪，放歌黄盖一登台。
何当甦却苍生望，惆怅岩泉愧不才。

中岳庙

[清]张朝瑞

巍巍庙貌俯中原，开辟名区此独尊。
影倒天心环日月，形蟠地轴老乾坤。
周家岳隆神如在，汉室嵩呼碑尚存。
风雨阴阳权造化，西来佳气接昆仑。

嵩　山

[清]顾炎武

位宅中央正，高疑上界邻。
蓄波含颍汝，吐气接星辰。
二室云长拥，三呼响自臻。
淳风传至德，孤隐秘灵真。
世敝将还古，人愁愿质神。
石开重出启，岳降再生申。
老柏摇新翠，幽花茁晚春。
岂知巢许窟，多有济时人。

中岳庙

［清］吴应棻

中天开发象，御气接氤氲。
殿角临黄盖，封中起白云。
祀崇秦典礼，树老汉将军。
鸾鹤凌空舞，仙音缥缈闻。

黄盖峰

［清］桑调元

东岱比中岳，黄盖为梁父。
凌云峰势独，峨青照神宇。
灵通山泽气，崇辟天地户。
笼山雾作巾，酾空雨如弩。
云破青冥开，风回翠柏舞。
淡淡扫秋岚，群娟秀眉抚。

恭祀中岳庙有述

［清］叶封

维岳高天下，嵩山直地中。
奠方尊四望，秩礼视三公。
人谒神如在，遥呼地可通。
生贤出云雨，灵爽正无穷。

中岳庙怀古

［清］景日昣

万岁山呼亦异哉，漫将高岳比蓬莱。
黄云数朵仙坛雨，老树一声御辇雷。
犹有麃游度岭出，时逢鹤舞傍花开。
残碑未泐唐人字，古阙空存汉世苔。

玉女几时捣帛去，青童何处捧书来。
百年笺奏谪仙死，七日锦囊王母回。
踯躅飞红留五渡，篔筜堆绿近三台。
中峰玉像经旬见，东嶂柏林夜半栽。
洞里金龙久不至，壁间古篆待谁摧。
灵车未许公孙侯，仙仗徒劳曼倩猜。
缈缈神宫没瓦砾，离离御路长蒿莱。
丹成帝子今安在，封祀独馀土一堆。

中岳庙

［清］潘耒

嵩山无旁支，杰立势雄特。
一舍远见之，苍然太古色。
渐近出众峰，嵯峨不欹侧。
峰前碧琉璃，岳神庙翼翼。
唐封制犹新，汉表阙未泐。
入门趋广庭，穹碑森屴崱。
交阴古柏青，对立金人黑。
殿敞如王居，神尊分帝识。
岳于天地间，万古有恒德。
端拱朝百灵，牖民惟正直。
肯以万岁呼，滋彼骄主惑。
从官谄可嗤，奉邑神岂食。
历代侈褒封，人爵非开则。
伟哉明高皇，群神号并革。
岳渎用本名，推崇此为极。
与朝肃明禋，春秋祀不忒。
大事必告虔，丹青炳严饰。
方今苦旱旸，焦原神所恻。

急龙鞭蛟龙，甘澍救嘉稷。
更愿滋黄中，淑灵厚培植。
笃生甫与申，直道屏王国。

登天中阁

［清］李天发

建阁高无地，乾坤入卷帘。
窗寒秋日暮，槛湿细云黏。
石径皆成壑，长松欲拂檐。
时时起烟雾，风雨出山尖。

谒岳庙

［清］李来章

层峦叠嶂尽朝宗，阁殿开当第一峰。
鸾鹤有时随节钺，烟岗镇日护山龙。
升腾云时先群岳，钟毓英贤佐九重。
肃将微诚凭对越，冥冥浩气豁心胸。

祀岳庙

［清］刘纶

望祭宵来吉玉悬，降神当日仰中天。
即占祼荐心颗若，奚羡登封意侈然。
九野星辰光有耀，两河风雨气无偏。
升歌一阕追周雅，他日高文乐府宣。

谒岳庙

［清］乾隆

正正堂堂地，巍巍焕焕京。
到来瞻气象，果足庆平生。

惬我长年愿，陈兹祈岁情。

忽闻鸾鹤韵，疑有列仙迎。

岳庙秩祀礼成有述

[清]乾隆

明禋亲举备宫悬，德并高峰峻极天。

秩祀三公伊古重，名尊五岳匪今然。

会其有极神如在，允建于中道岂偏。

肸蠁愿陈心所愿，笃生申甫佐蕃宣。

自密县至登封谒嵩高山，留山下三日，遍游嵩阳书院及少林寺，回途访三石阙

[清]洪亮吉

中牟及郑州，风黑已三日。

行经大隗山，谷险忽距辙。

天青被原野，气候亦殊别。

十里辄一亭，穿云到新密。

山光时破碎，风卷出林栗。

一谷石若羊，高下啮马膝。

地肥峦翠暖，村叟夹衣出。

马尾别大隗，马首揖太室。

洗眼洧水滨，看山庶真切。

四面各万里，兹山天当中。

言寻古图书，名号有独崇。

足踏河洛流，背与三途通。

赤日照上方，正如心在胸。

谁云无神仙，轩昊已筑宫。

天帝汤沐饶，嵩阳与登封。

自非雨露殊，何以岁屡登。是冬大有年。

不见长松枝，亦扇天门风。
登封坛处南，外方祠在北。
惟留少室峰，割作化人宅。是冬大有年。
祠前一株柏，屋外太古石。
言从天地始，便已挺孤直。
轩辕雨七昼，尧代雪三尺。
倘欲与细论，长风闪林黑。
太室少室阙，开母季度铭。
兹文在世间，一字一列星。
我来游嵩高，兼谒县吏庭。
觅得数拓工，南北敢暂停。
如猨升松梢，先剥苔藓青。
闻声不见人，墨汁树杪零。
三日始毕工，为文谢山灵。
字既径寸奇，文亦比六经。
牛车驮百张，回铺草元亭。

唐尉迟汾嵩山灵胜诗

[清] 厉鹗

名岳镇中畿，灵异纷不一。
欲从刘根游，吾其采芝术。

碑 碣

在地方史志文献中，碑碣资料以其原始性、真实性、地域性历来为研究者所重视，如北宋赵明诚所言，“史牒出于后人之手，不能无失，而刻词当时所立，可信不疑”。关于中岳庙古代石刻的著录及研究，自北宋赵明诚《金石录》开始，成为历代金石著述、地方史志修纂的重要内容。此次选拣中岳庙保存汉、北魏、唐、宋、金、元、明、清石刻拓片39种，弥足珍贵，为考证、辨识中国礼制文化和嵩山文化发展的历史脉络提供了丰富佐证。

太室阙　东汉元初五年

太室阙东阙南壁

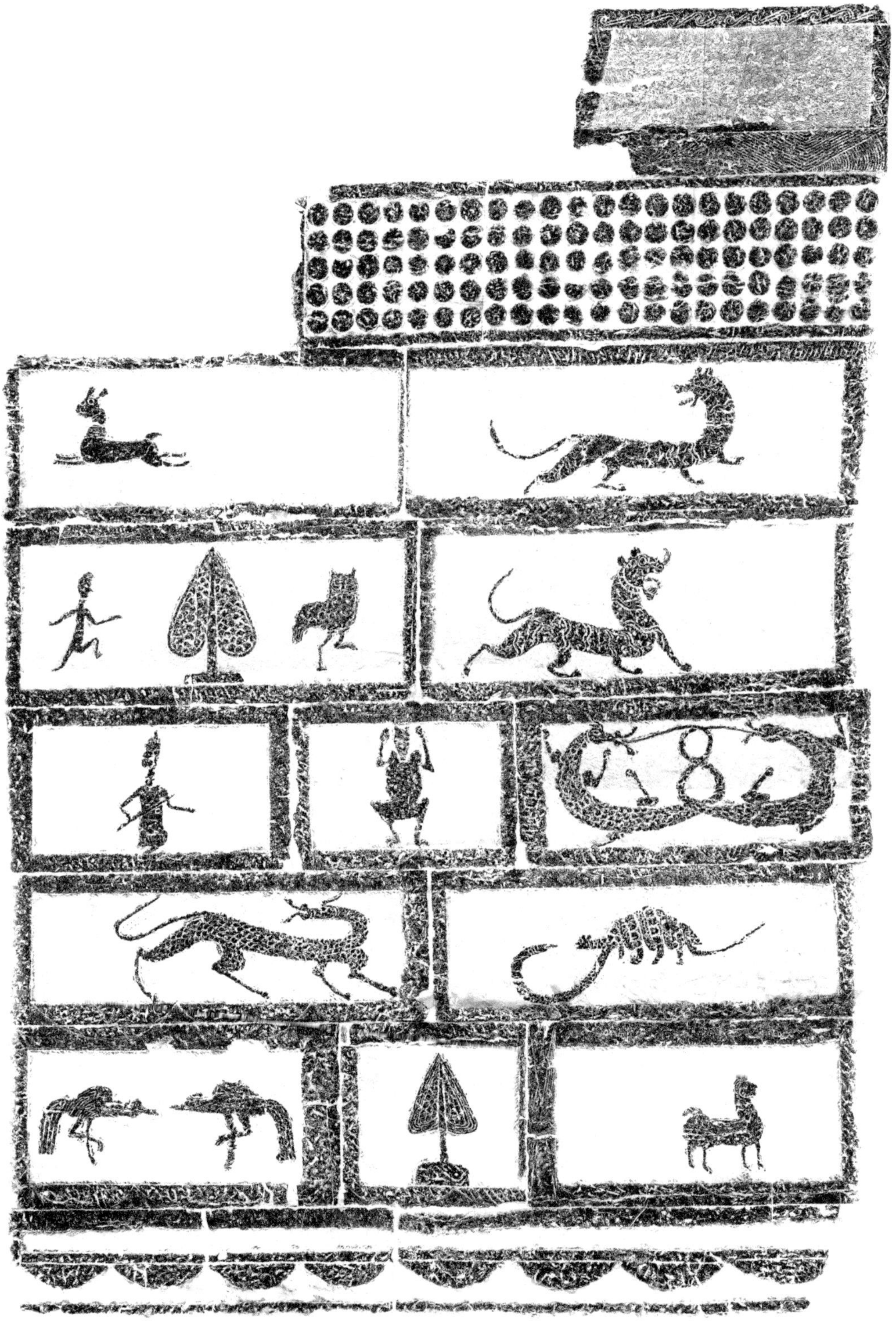

太室阙东阙北壁

太室阙东阙西壁

太室阙东阙东壁

太室阙西阙南壁

太室阙西阙北壁

太室阙西阙西壁

太室阙西阙东壁

中岳嵩高灵庙之碑　崔浩撰　北魏太安二年

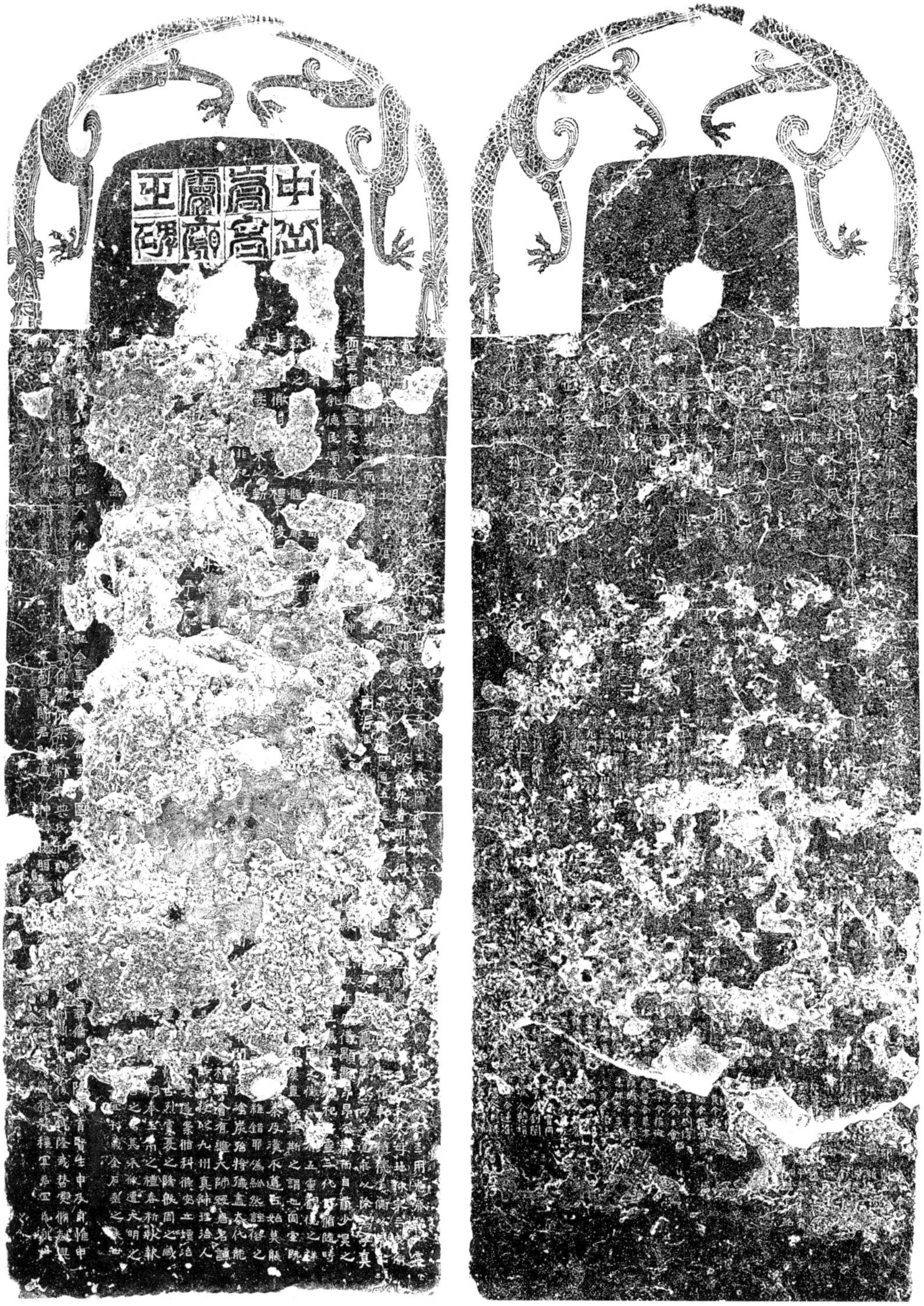

中岳嵩高灵庙之碑　崔浩撰　北魏太安二年

中岳中天崇圣帝碑铭　王曾撰
白宪书并篆额　大中祥符七年九月

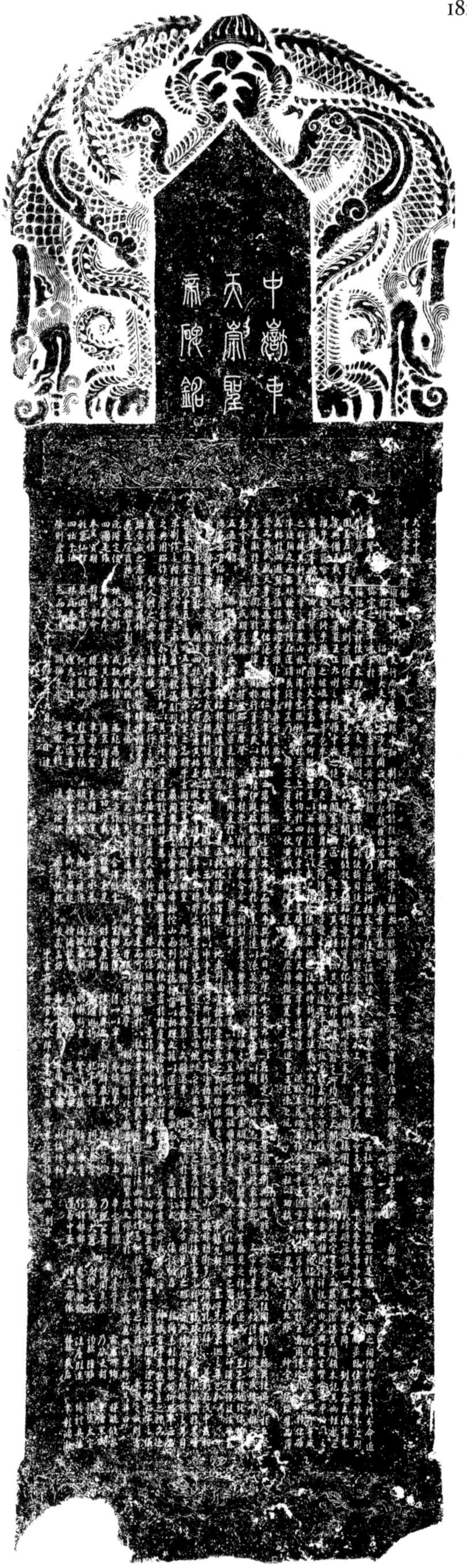

中岳中天崇圣帝碑铭　王曾撰　白宪书并篆额
大中祥符七年九月

御制中岳醮告文　宋真宗撰　刘太初书并篆额　天禧二年九月

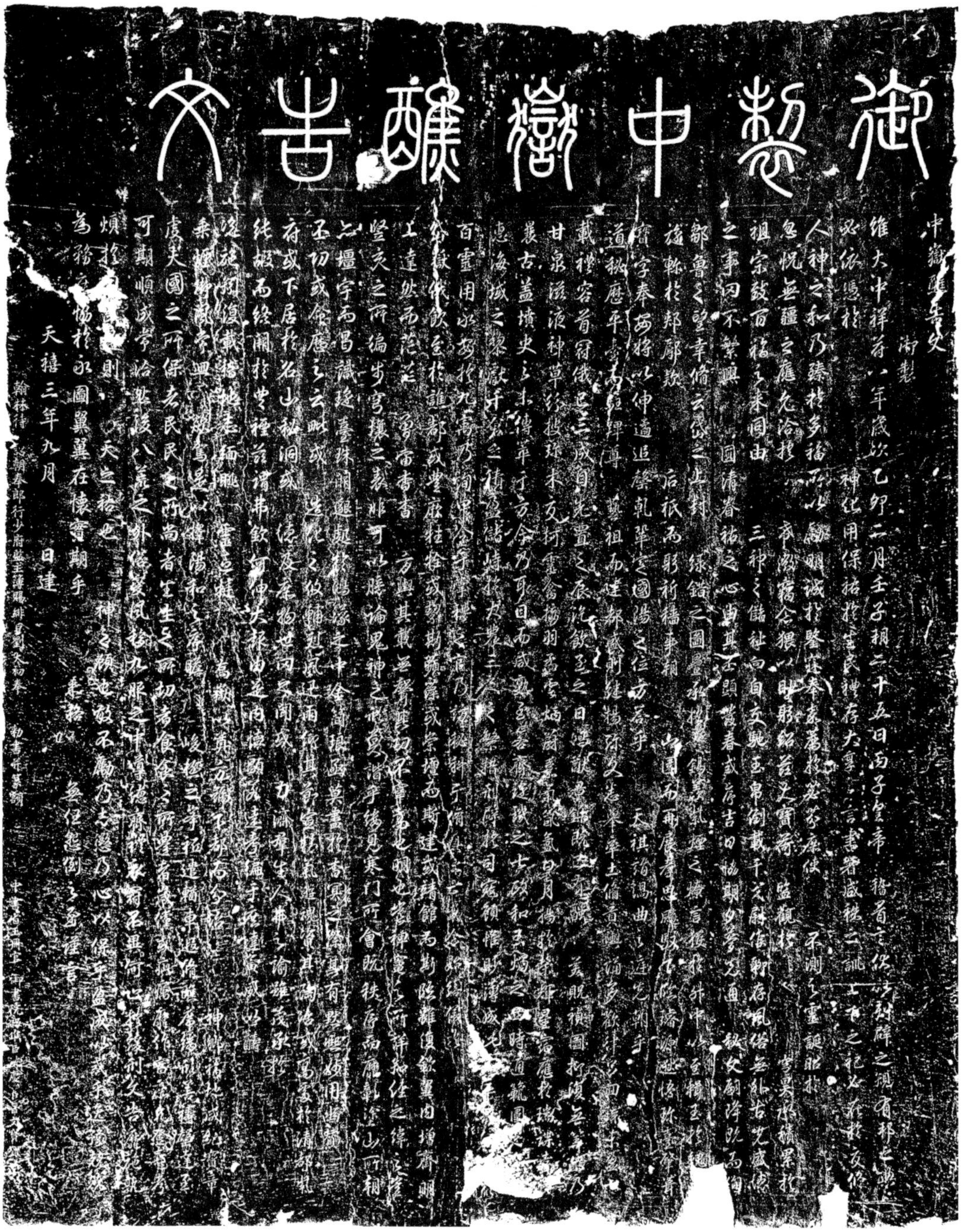

御制中岳醮告文　宋真宗撰　刘太初书并篆额　天禧二年九月

大宋增修中岳中天崇圣帝庙碑铭并序

陈知微撰　邢守元书并篆额

乾兴元年六月

大宋增修中岳中天崇圣帝庙碑铭并序　陈知微撰　邢守元书并篆额　乾兴元年六月

大金重修中岳庙碑

黄久约撰 郝□书 党怀英篆额 大定二十二年十月

大金重修中岳庙碑 黄久约撰
郝□书 党怀英篆额
大定二十二年十月

大金承安重修中岳庙图 承安五年三月

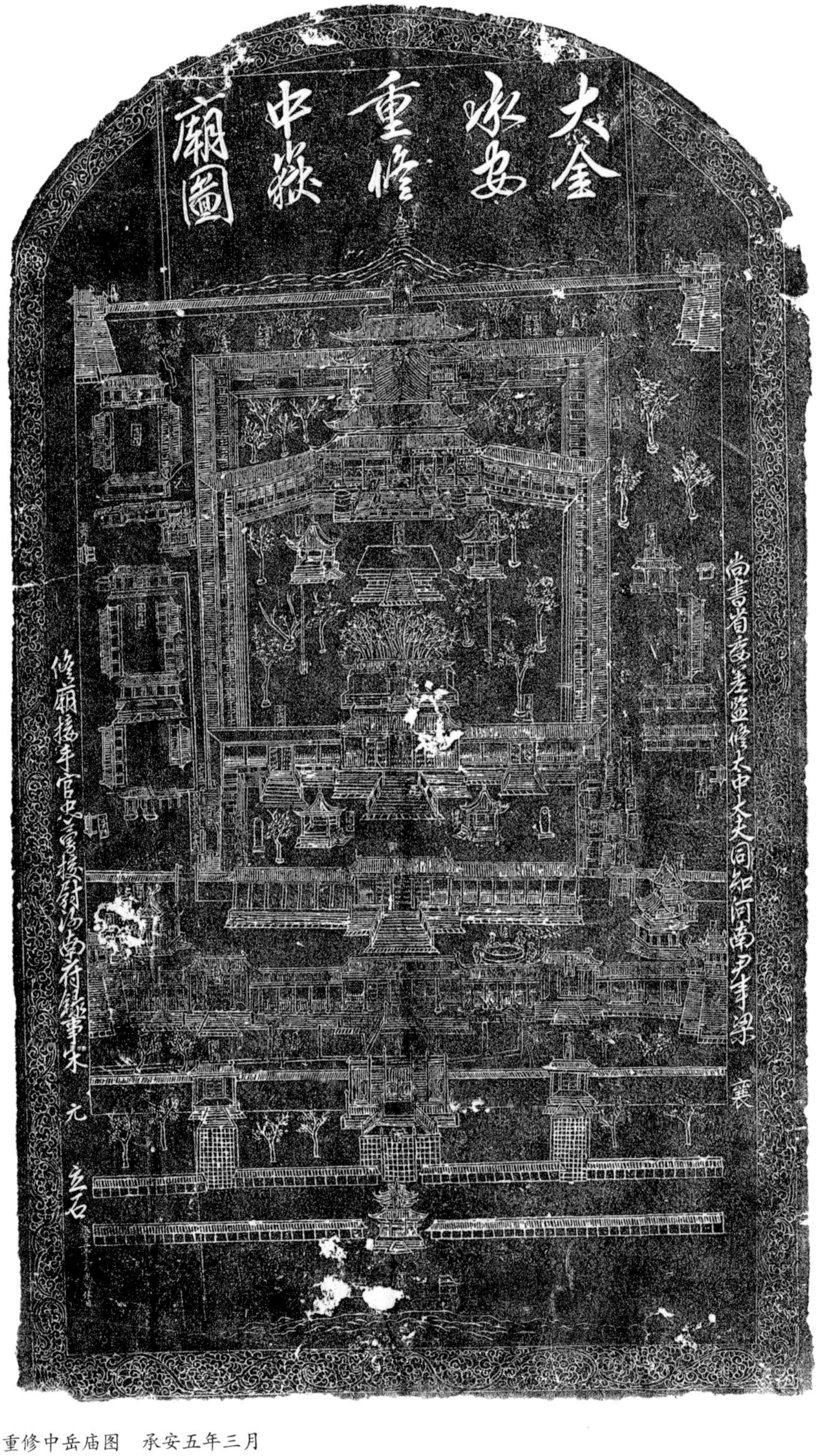

大金承安重修中岳庙图 承安五年三月

中岳投龙简诗序　吴全节撰　谢君与书　祝玄衍篆额　皇庆二年四月

中岳投龙简诗序　吴全节撰　谢君与书　祝玄衍篆额　皇庆二年四月

中岳庙圣旨碑　周德俭书　董德顺题额　至正八年八月

中岳庙圣旨碑　周德俭书　董德顺题额　至正八年八月

前提點弘玄養浩保和大師周德俞書丹
提領淳素安靜大師周志真
提舉德義仁和大師任道真
提點中正安靜冲和大師王玄清
中嶽廟
提領冲逸崇玄大師孔德文
副知廟明德大師張德元

碑阴

谒中岳庙　王守诚撰　万历二年冬

谒中岳庙　王守诚撰　万历二年冬

五岳真形之图

方大美跋并书　万历三十二年二月

五岳真形之图　方大美跋并书　万历三十二年二月

谒中岳　李思孝题　万历三十八年夏

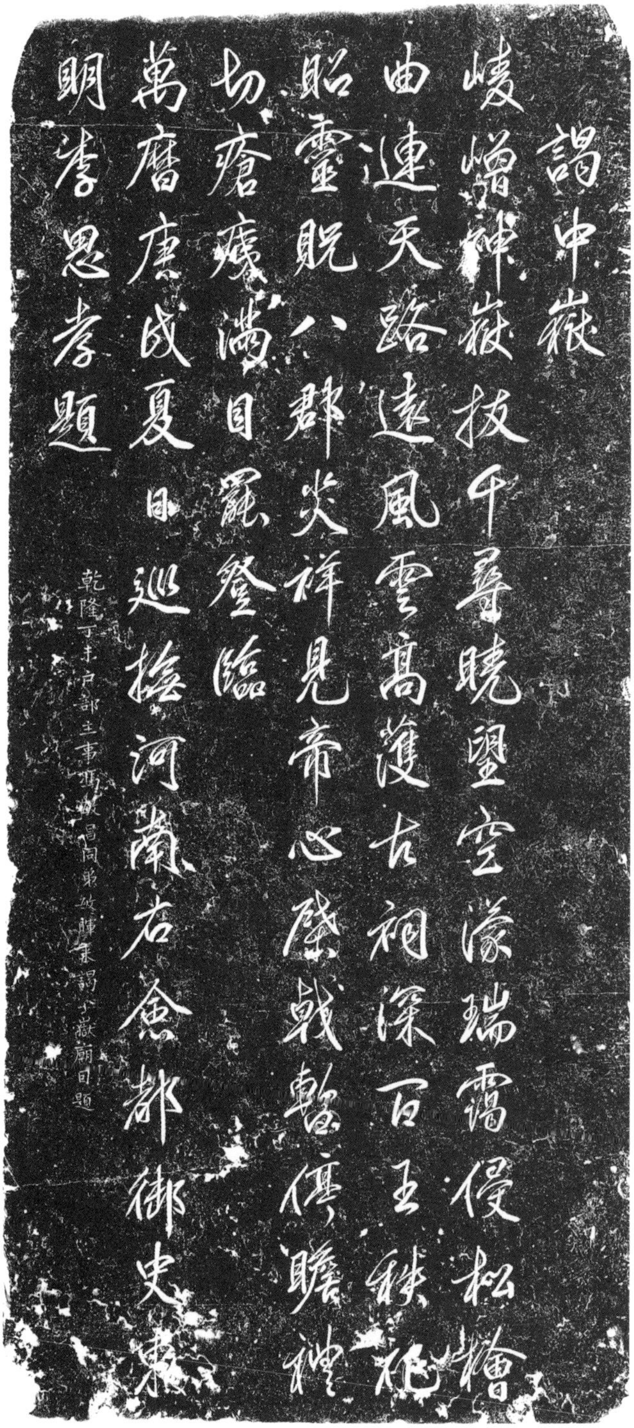

谒中岳　李思孝题　万历三十八年夏

御祭祝文 顺治八年四月

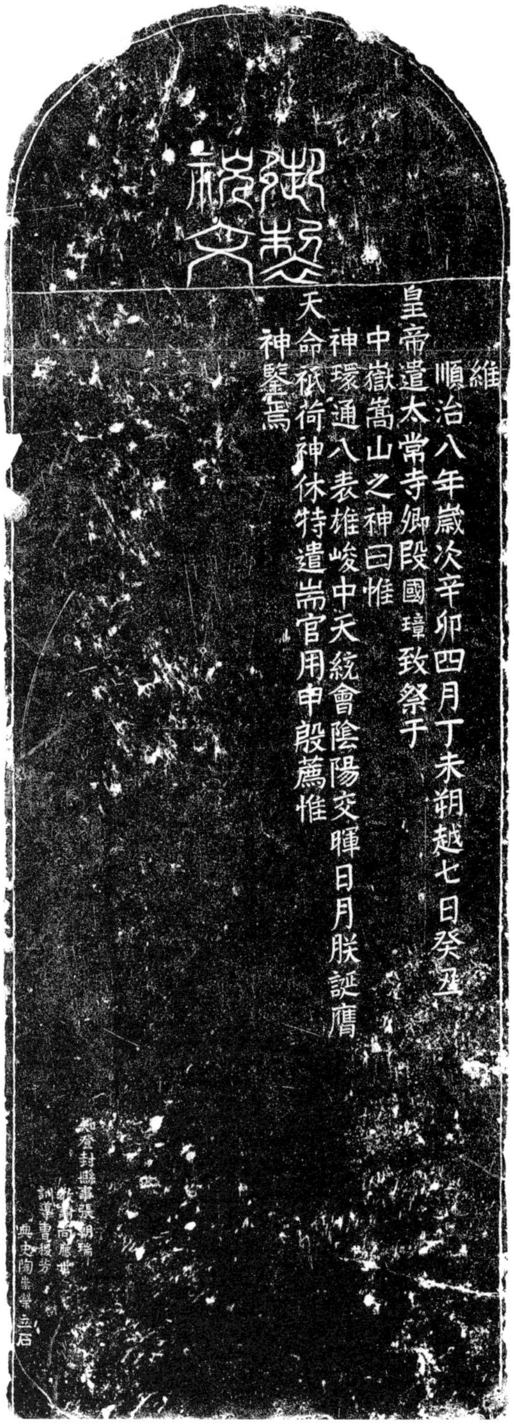

御祭祝文 顺治八年四月

祭中岳告文　王铎撰　崇祯三年十月

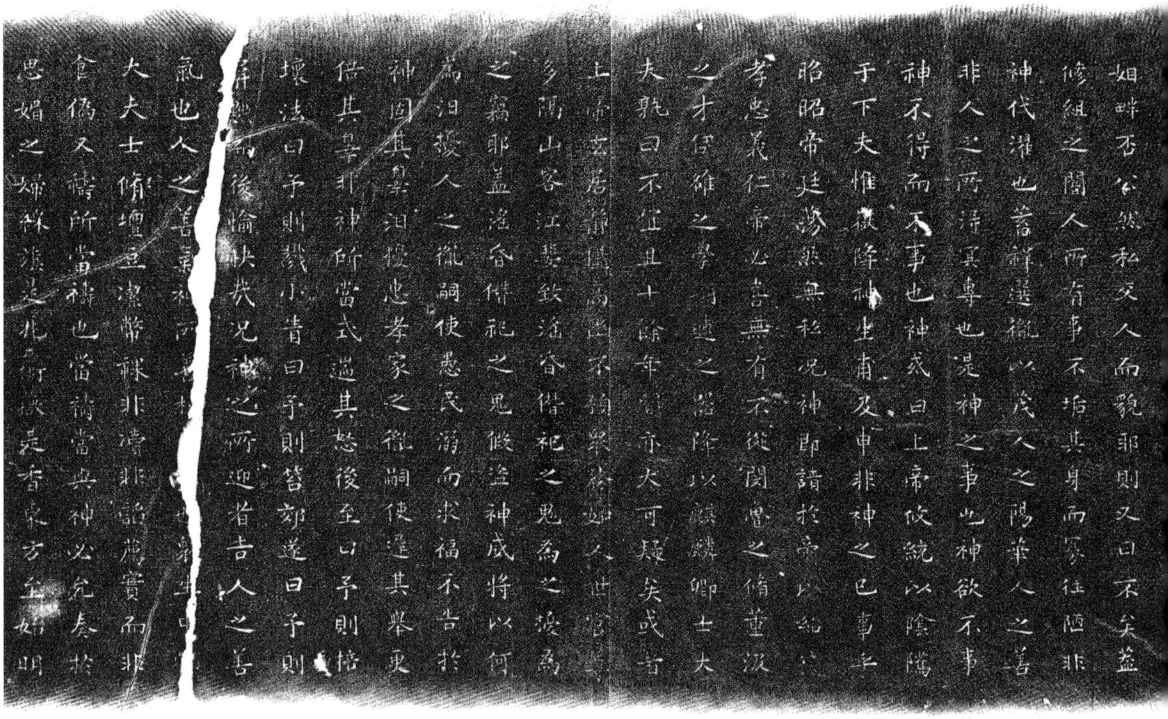

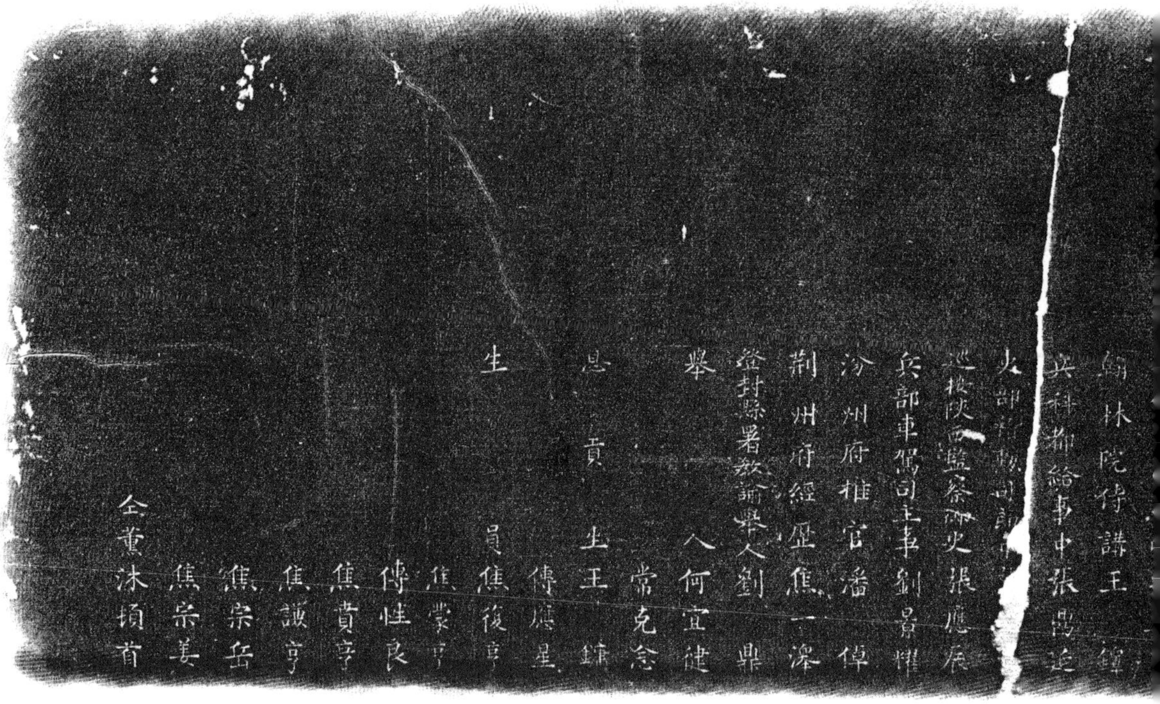

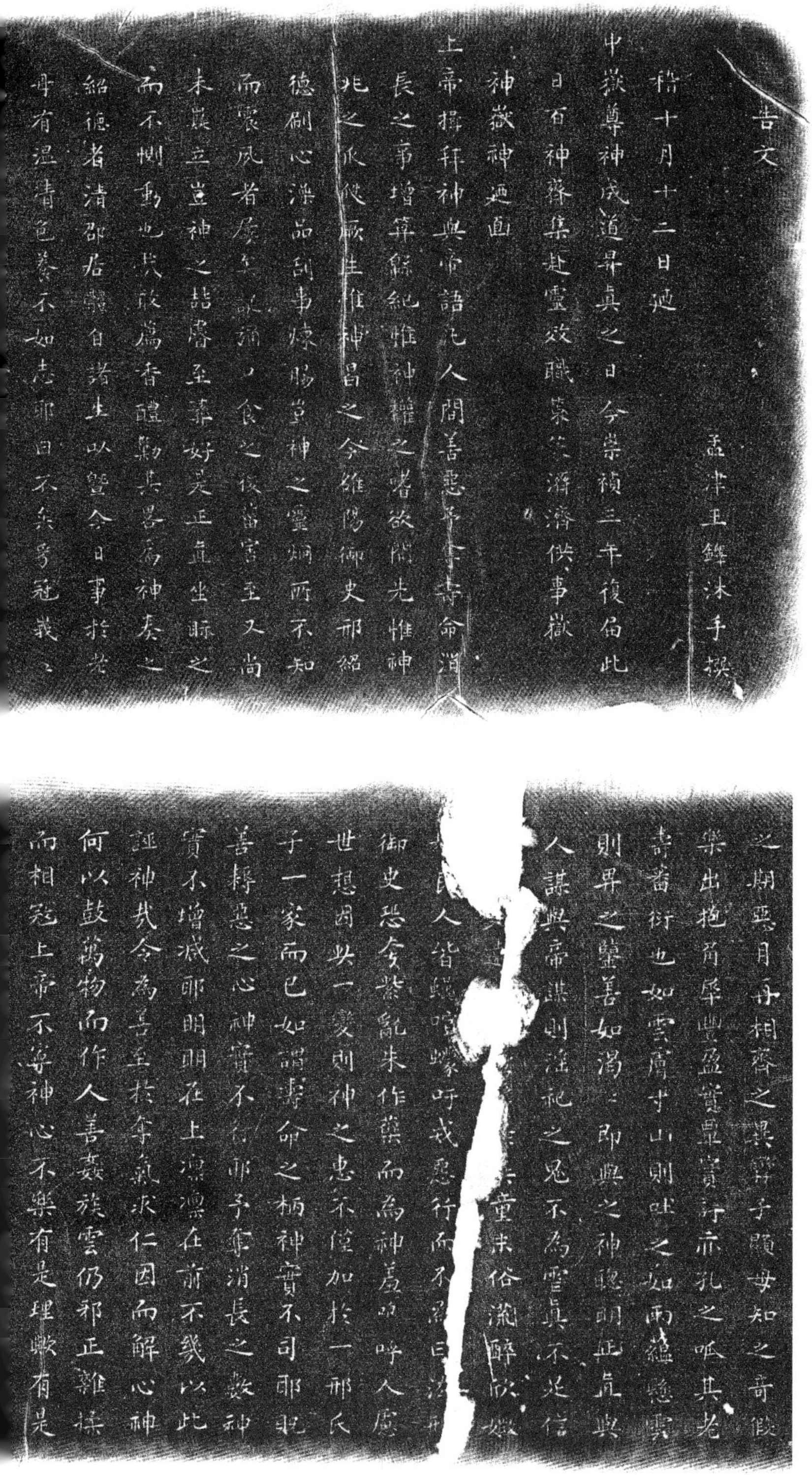

祭中岳告文　王铎撰　崇祯三年十月

御祭文　顺治十八年八月

維
順治十八季歲次[illegible]月丁未[illegible]日辛酉
皇帝遣通政司通政使司冀如錫致祭於
中嶽嵩山之神曰惟
神環通八表雄峻中天統會陰陽交暉日月[illegible]膺
天命祗荷神休特遣嵩官用申殷薦惟
神鑒焉
分守河南道河南布政使司參政翁長庸
分巡河南道河南等處提刑按察司副使錢光泰
河南府知府朱明魁
推官黃綬
登封縣知縣陸振[illegible]立石

御祭文　顺治十八年八月

祭中岳文 康熙六年八月

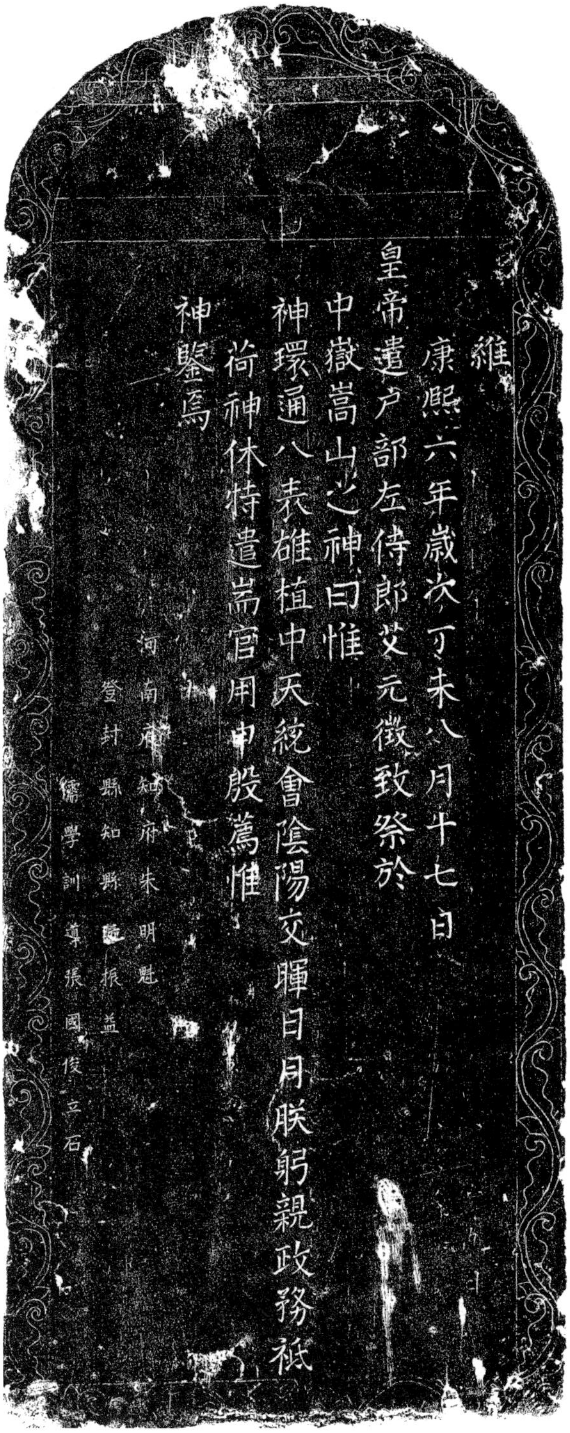

祭中岳文　康熙六年八月

御祭碑文 雍正元年二月

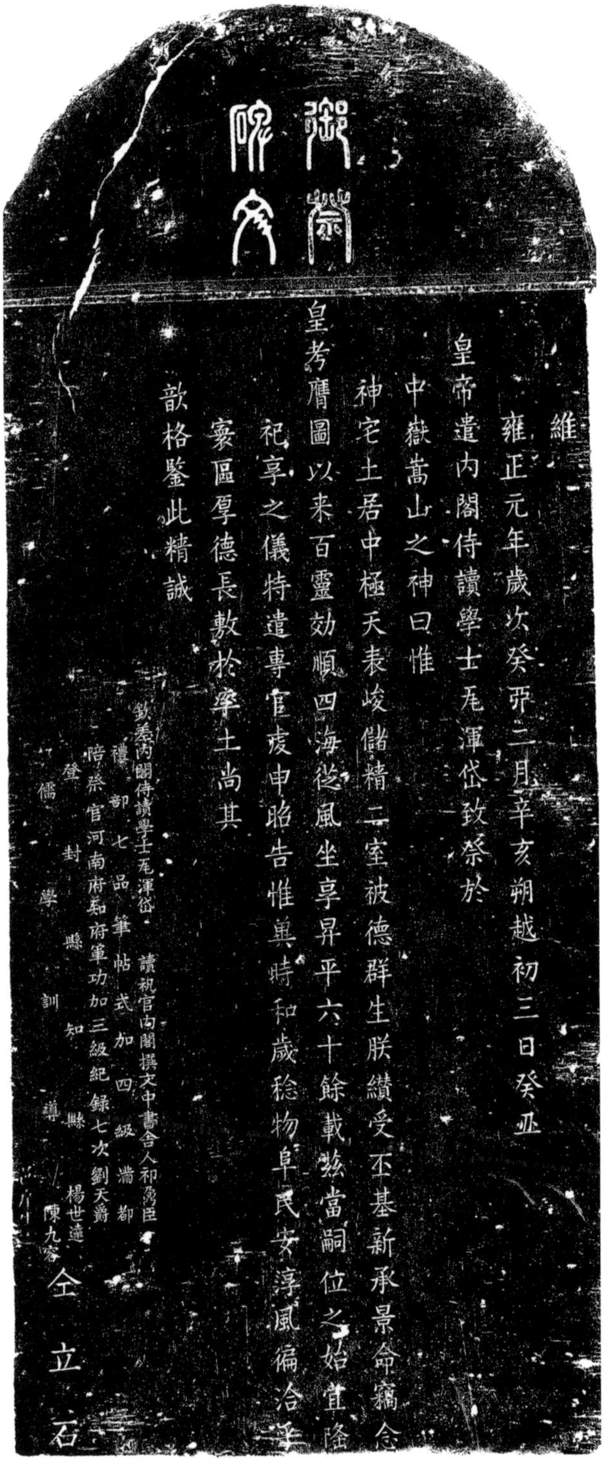

御祭碑文 雍正元年二月

御祭文 乾隆十三年五月

御祭文
維
乾隆十三年歲次戊辰五月甲申朔越十一日甲午
皇帝遣河南分巡河陝汝道按察使司副使張學林致祭
中嶽嵩山之神曰惟
神雄標峻極位鎮中央靈氣鬱蟠陰陽和會朕仰承丕緒
神其鑒焉

御祭文　乾隆十四年六月

御祭文　乾隆十四年六月

乾隆庚午初冬登华盖峰作并书　乾隆十五年十月

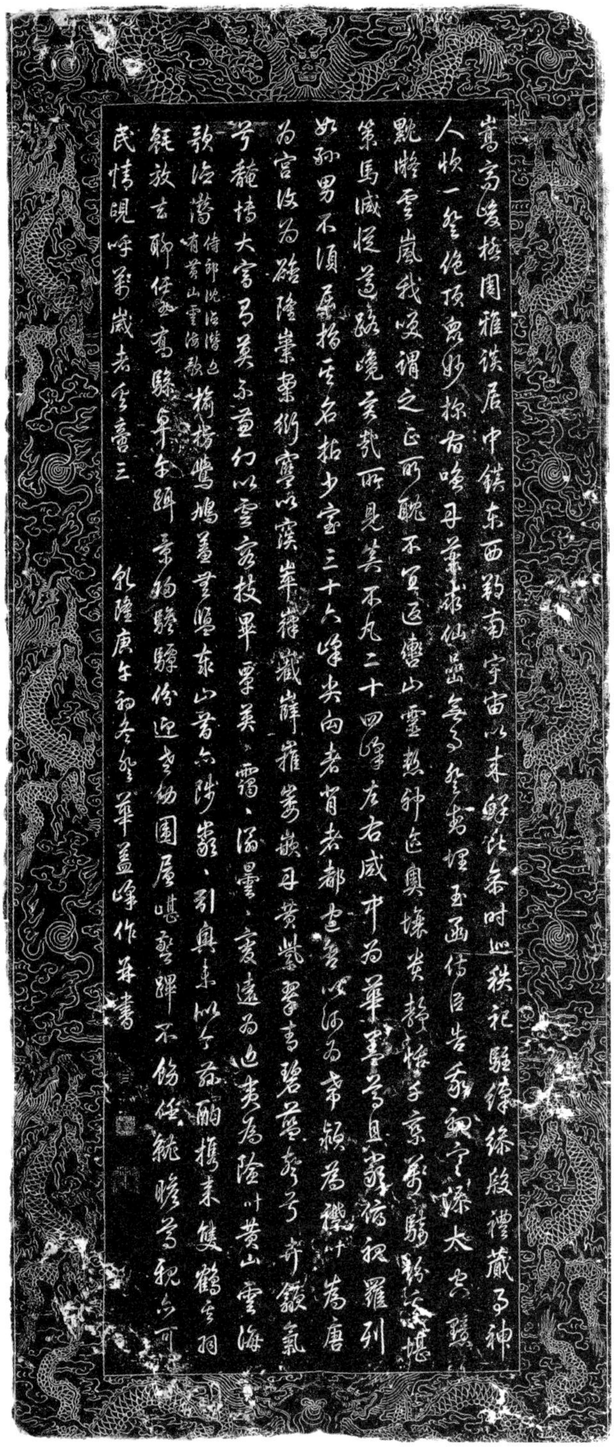

乾隆庚午初冬登华盖峰作并书　乾隆十五年十月

乾隆庚午初冬秩祀礼成作并书　乾隆十五年十月

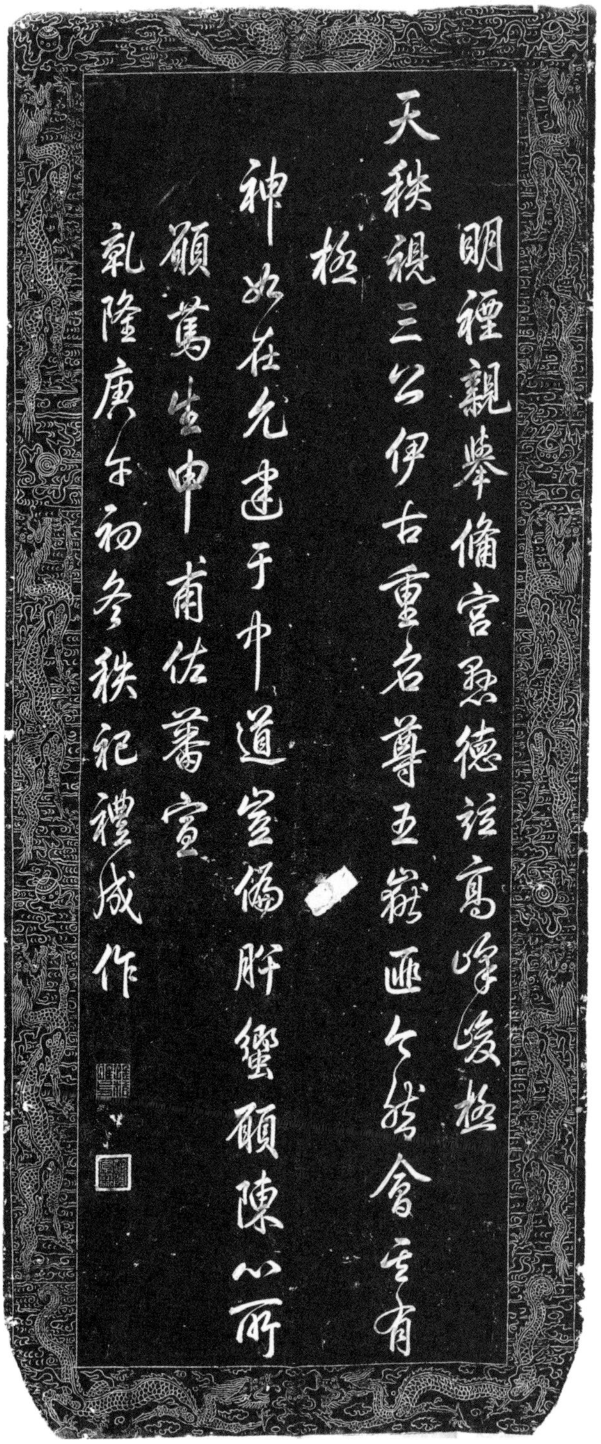

乾隆庚午初冬秩祀礼成作并书　乾隆十五年十月

乾隆庚午冬十月谒岳庙有作并书 乾隆十五年十月

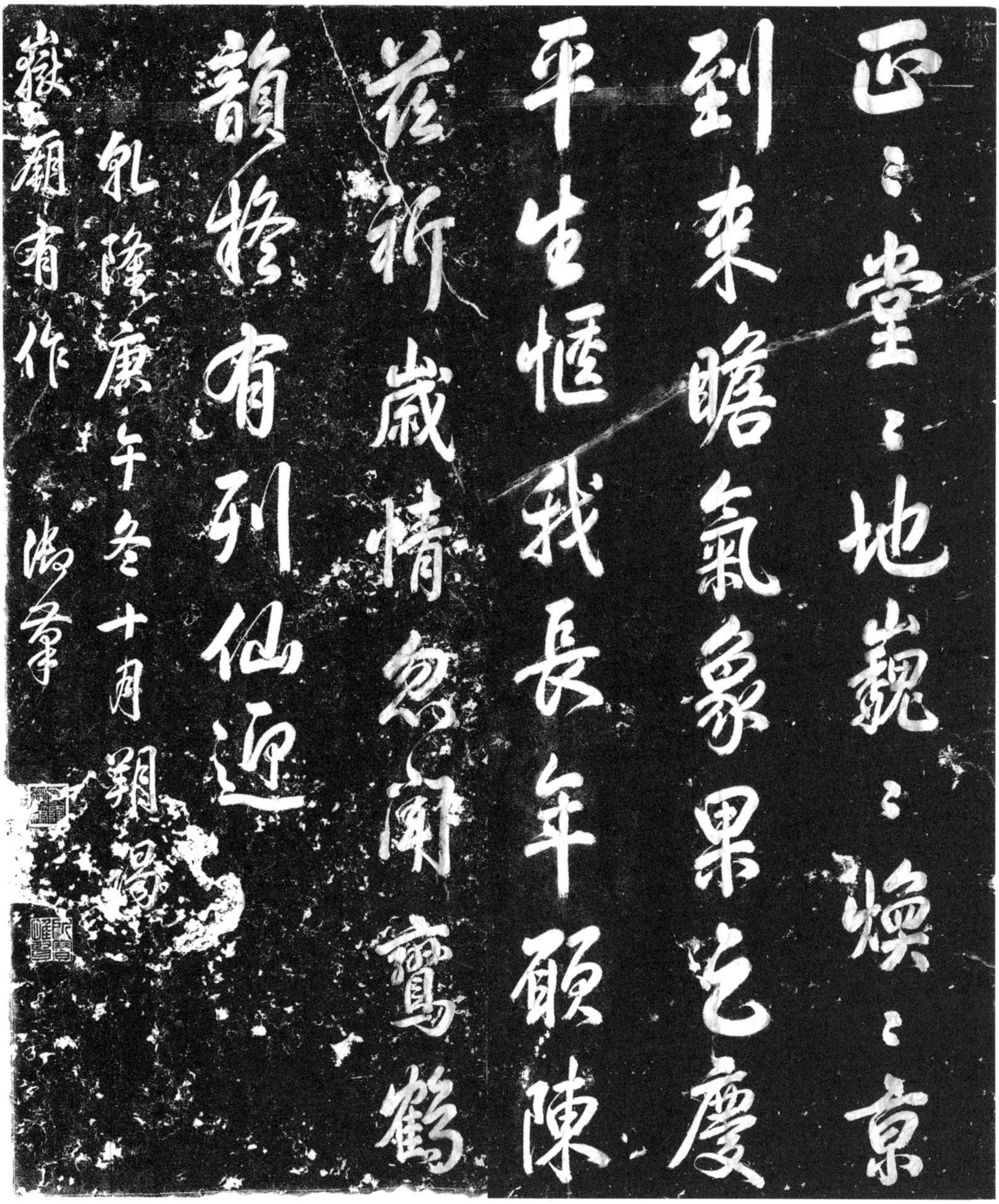

乾隆庚午冬十月谒岳庙有作并书 乾隆十五年十月

御祭文　乾隆二十年八月

御祭文
維乾隆二十年歲次乙亥八月壬寅朔越七日戊申
皇帝遣日講官起居注翰林院侍讀學士提督山東學政謝溶生致祭
於
中嶽嵩山之神曰惟
神雄峙中天德標峻極均和寒暑統會陰陽兹以平定準噶爾大功
告成加上
皇太后徽號神人洽慶中外蒙庥敬遣專官用申秩祭惟
神鑒焉

御祭文　乾隆二十年八月

御祭文 傅维城书 乾隆二十五年正月

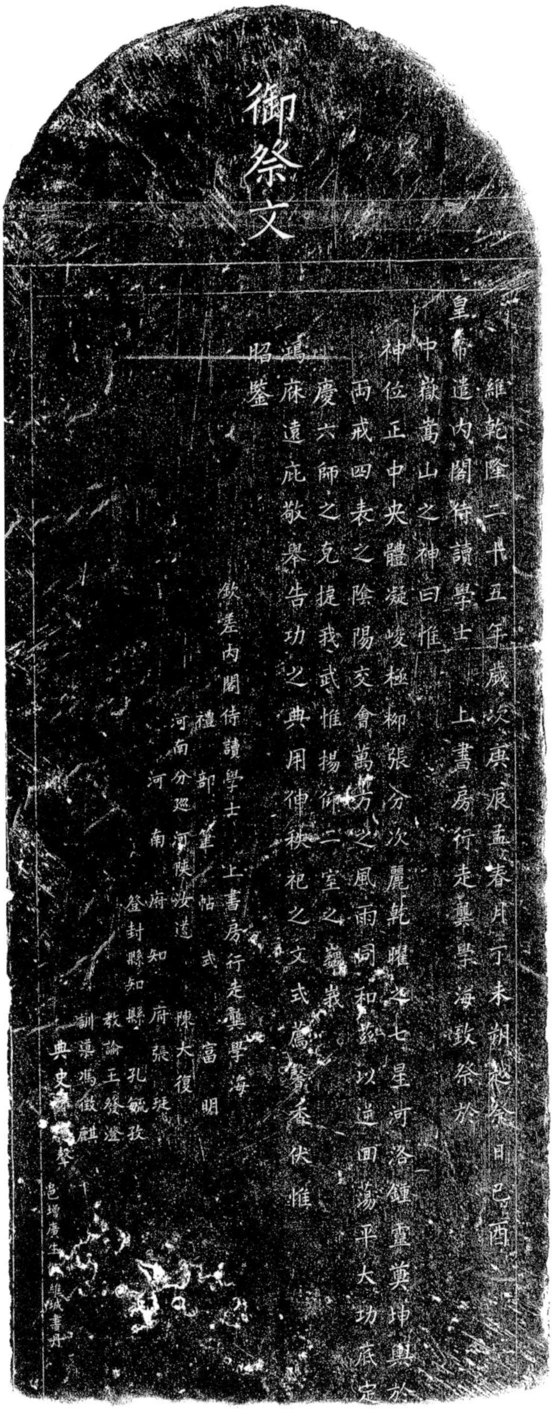

御祭文 傅维城书 乾隆二十五年正月

御祭文 刘诰书 乾隆二十七年正月

御祭文 刘诰书 乾隆二十七年正月

御祭文　傅联登书　乾隆四十一年七月

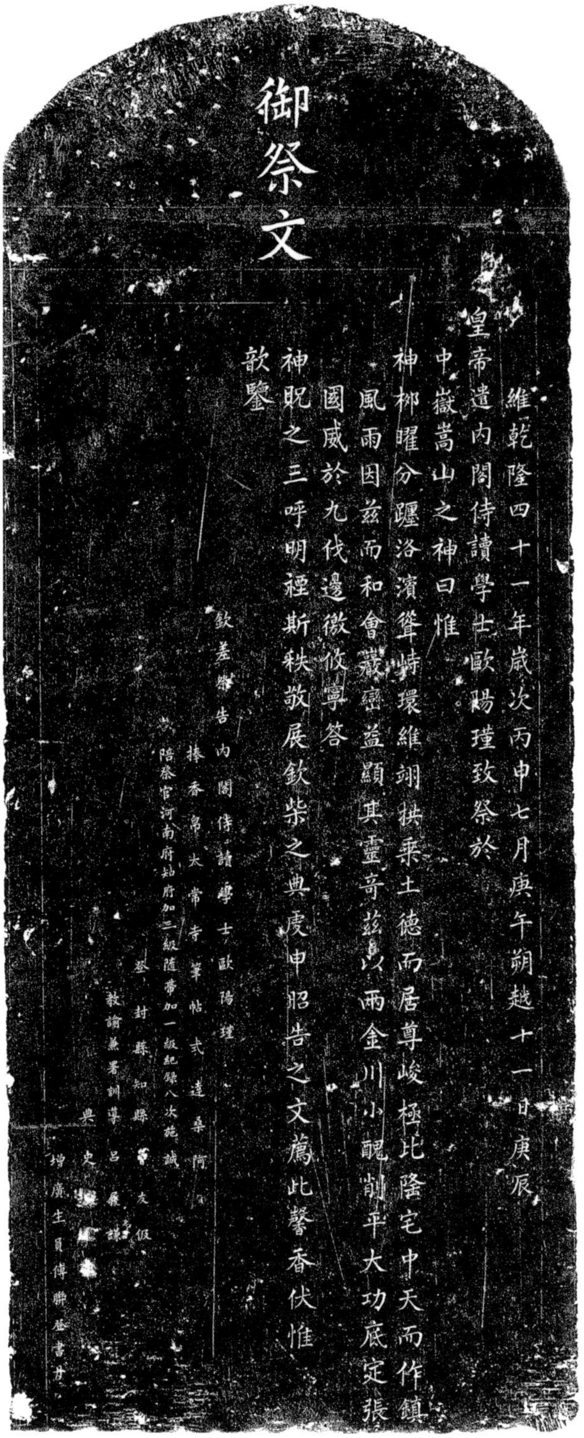

御祭文　傅联登书　乾隆四十一年七月

中岳庙告成，抚臣李世杰请碑记，因叠庚午虔祀诗韵命泐石
乾隆四十八年三月

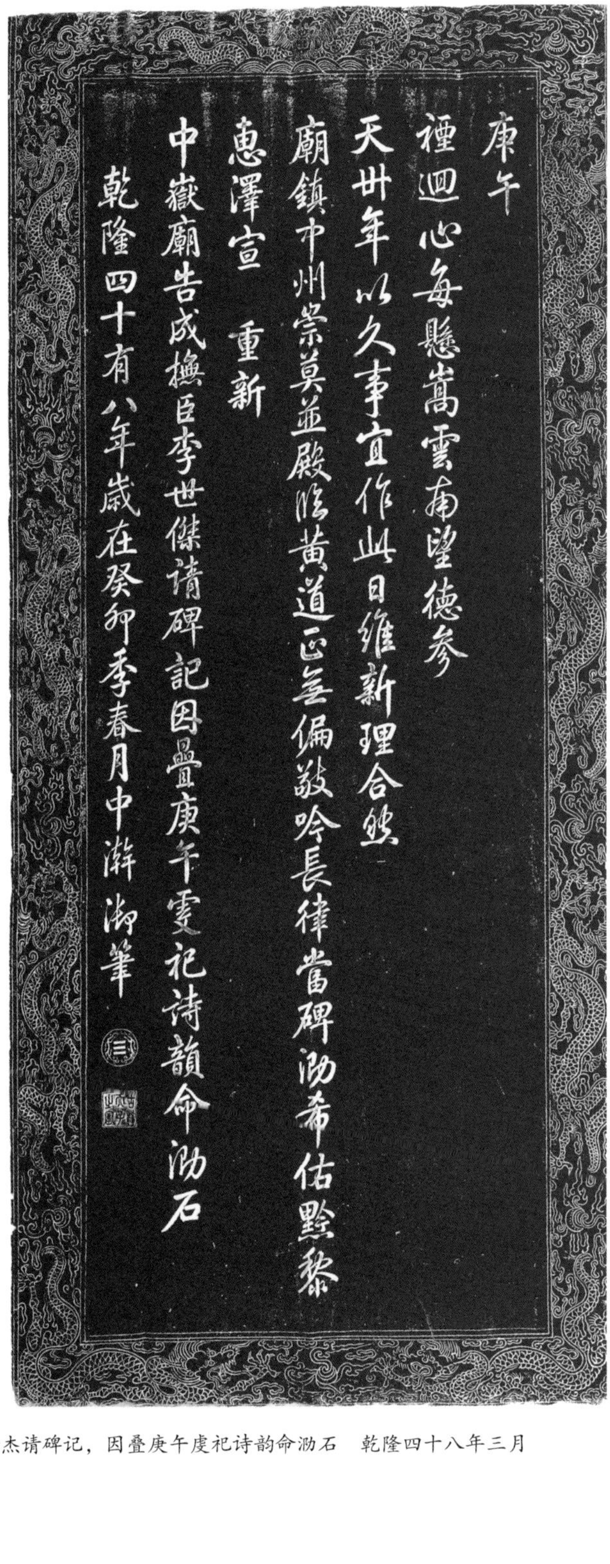

中岳庙告成，抚臣李世杰请碑记，因叠庚午虔祀诗韵命泐石　乾隆四十八年三月

御祭文 谢特赐书 嘉庆四年十一月

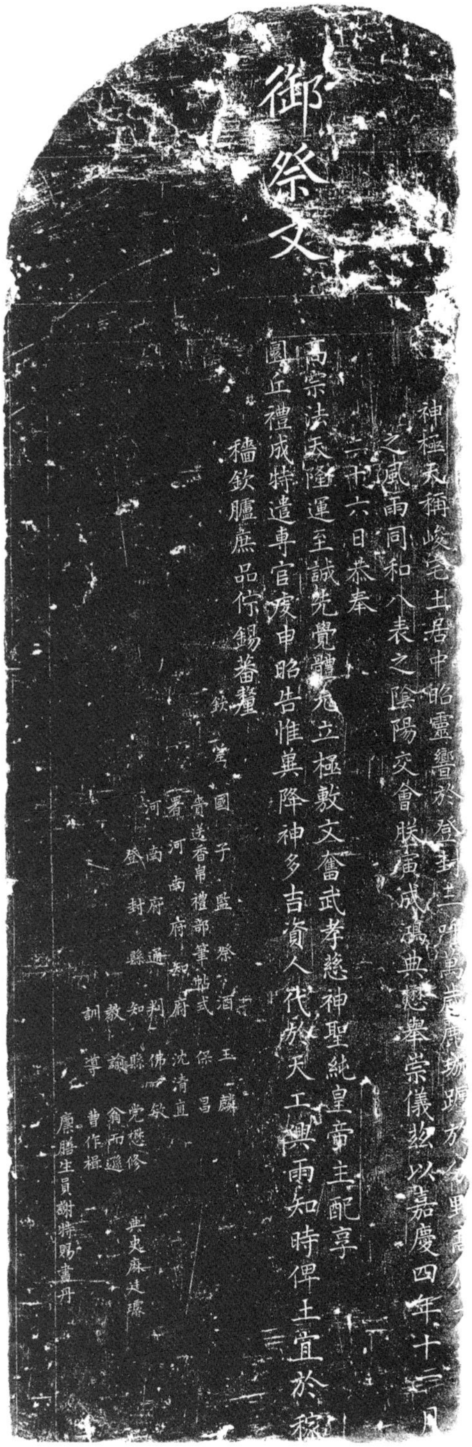

御祭文 谢特赐书 嘉庆四年十一月

御祭文 谢特赐书 嘉庆九年三月

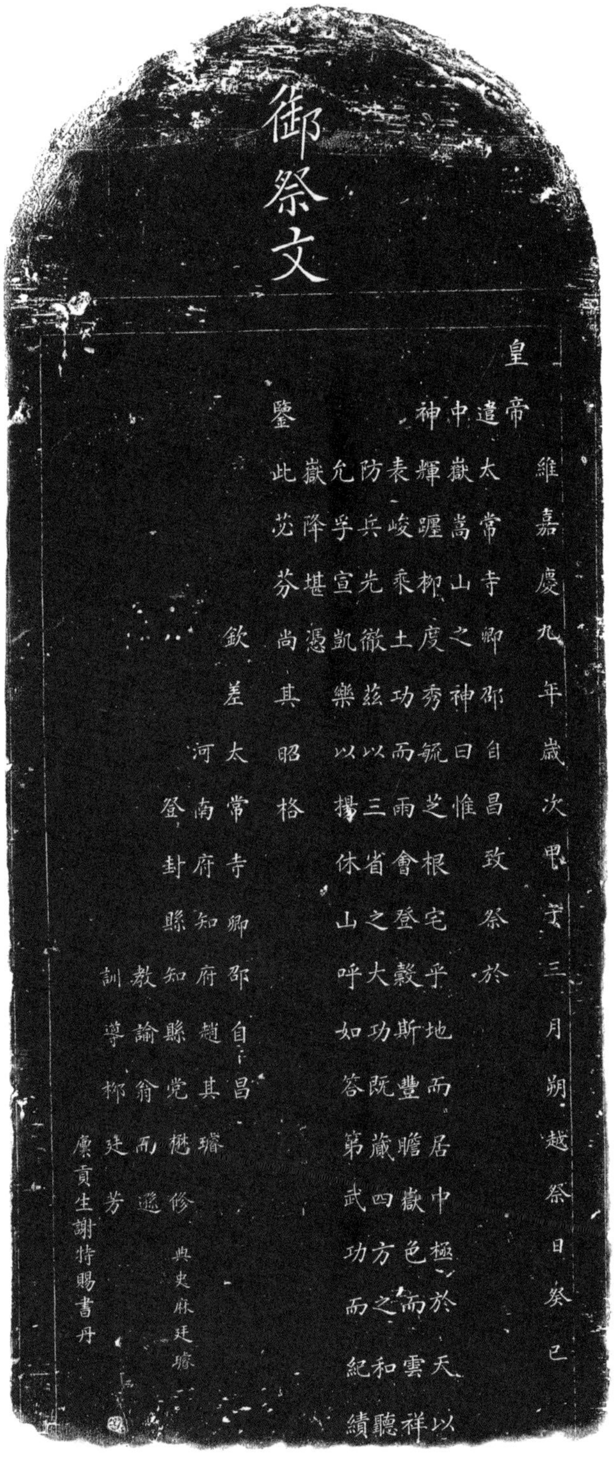

維嘉慶九年歲次甲子三月朔越祭日癸巳
皇帝遣太常寺卿邵自昌致祭於
中嶽嵩山之神曰惟
神輝躔柳度秀毓芝根宅乎地而居中極於天以表峻乘土功而雨會登穀斯豐贍嶽色而雲祥防兵先徹茲以三省之大功既藏四方之和聽允孚宣凱樂以揚休山呼如答第武功而紀績嶽降堪憑
鑒此苾芬尚其昭格
欽差太常寺卿邵自昌
河南府知府趙其璿
登封縣知縣党懋修
教諭翁而遜
訓導柳廷芳
典史麻廷璿
廩貢生謝特賜書丹

御祭文 谢特赐书 嘉庆九年三月

御祭文　嘉庆十四年三月

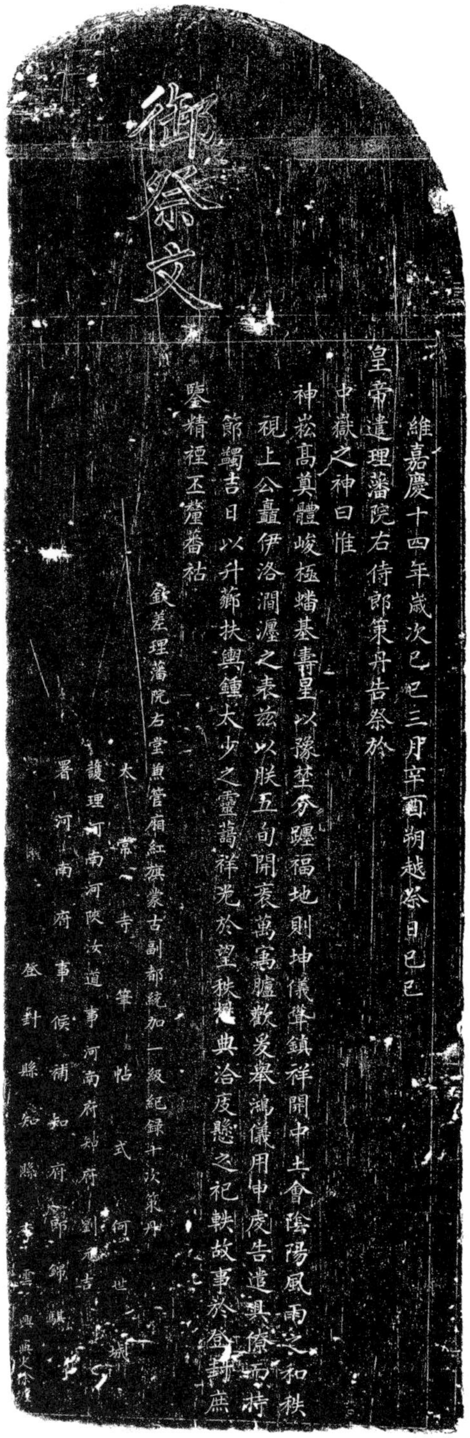
御祭文
維嘉慶十四年歲次己巳三月辛酉朔越祭日己巳
皇帝遣理藩院右侍郎策丹告祭於
中嶽之神曰惟
神崧高莫體峻極蟠基壽星以豫埜分躔福地則坤儀肇鎮祥開中土會陰陽風雨之和秩
視上公矗伊洛澗瀍之表茲以朕五旬開袠萬寓臚歡爰舉鴻儀用申虔告遣祺僚而將
節蠲吉日以升薌扶輿鍾太少之靈藹祥光於望秩典洽庋慇之祀軼故事於登封庶
鑒精禋丕蓬蕃祐
欽差理藩院右堂兼管廂紅旗蒙古副都統加一級紀錄十次策丹
太常寺筆帖式何世城
護理河南河陕汝道事河南府知府
署河南府事候補知府鄧錦麟
登封縣知縣李雲興

御祭文　谢特赐书　嘉庆二十五年十一月

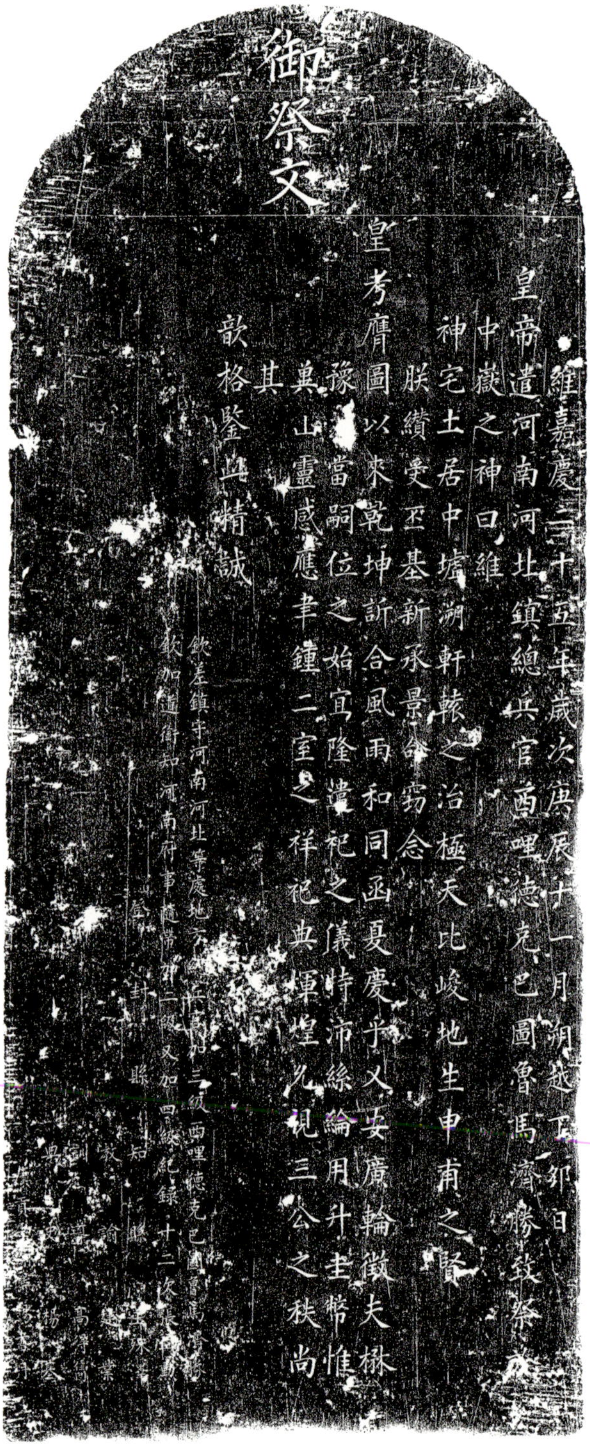

御祭文　谢特赐书　嘉庆二十五年十一月

御祭文 谢特赐书 道光元年八月

御祭文 谢特赐书 道光元年八月

御祭文　谢特赐书　道光九年正月

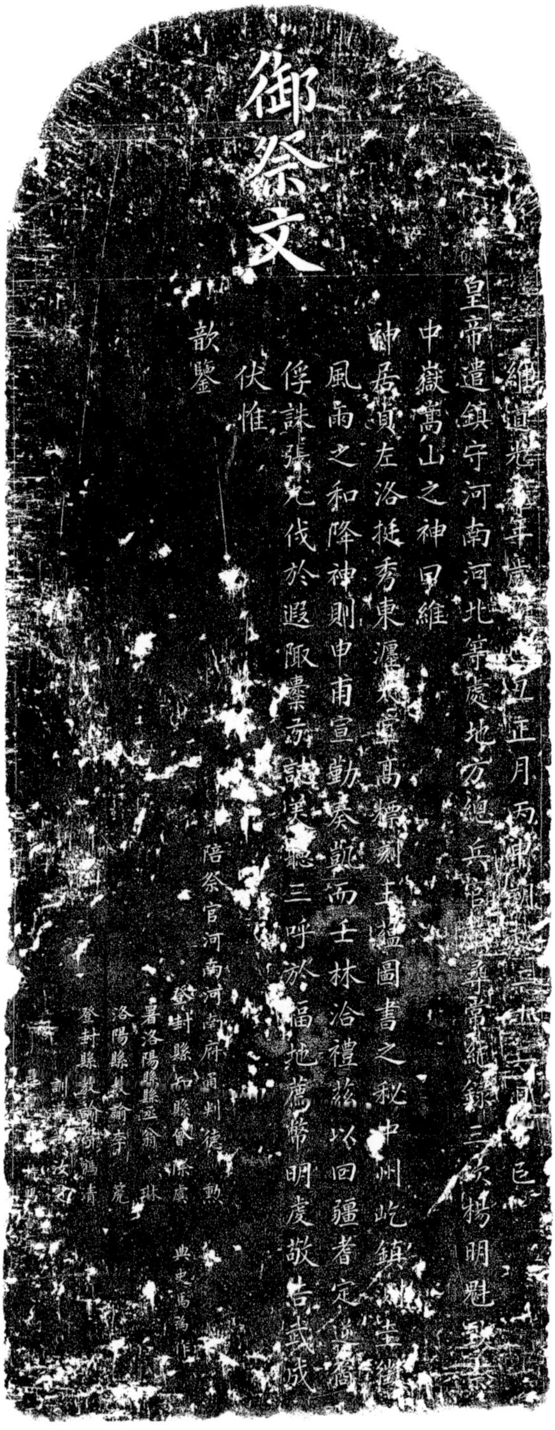

御祭文　谢特赐书　道光九年正月

御祭文　刘镕书　道光十六年二月

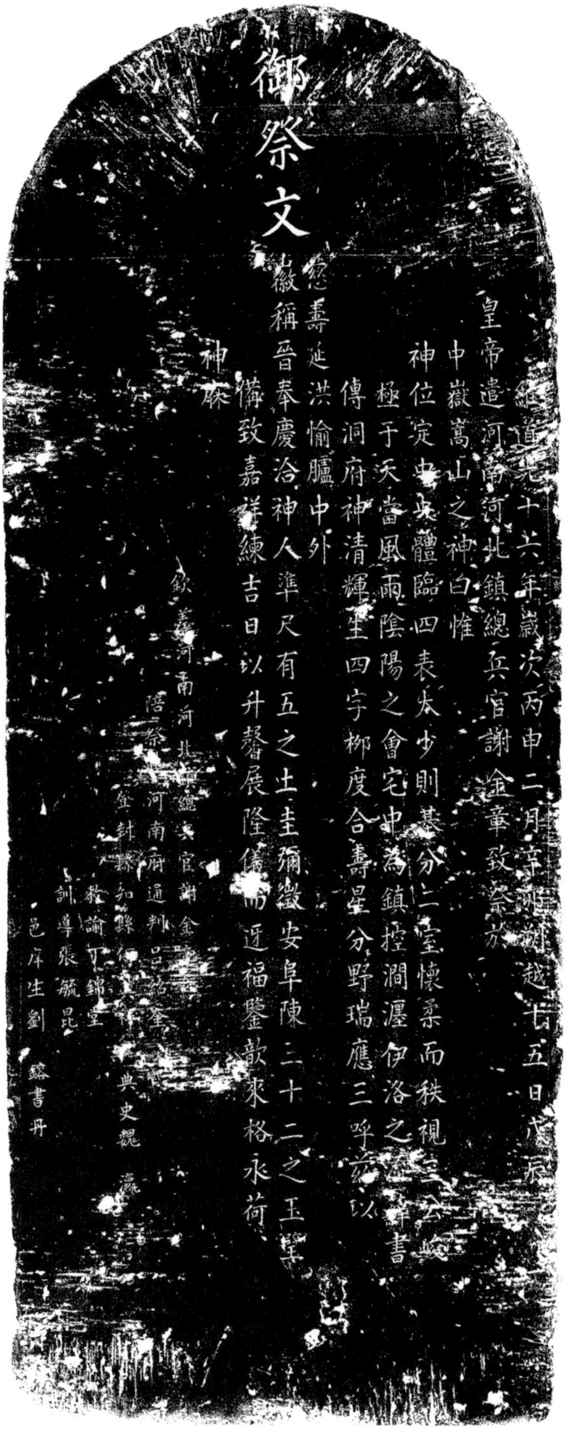

御祭文　刘镕书　道光十六年二月

御祭文 刘镕书 道光三十年五月

御祭文 刘镕书 道光三十年五月

御祭文 申书山书 同治四年三月

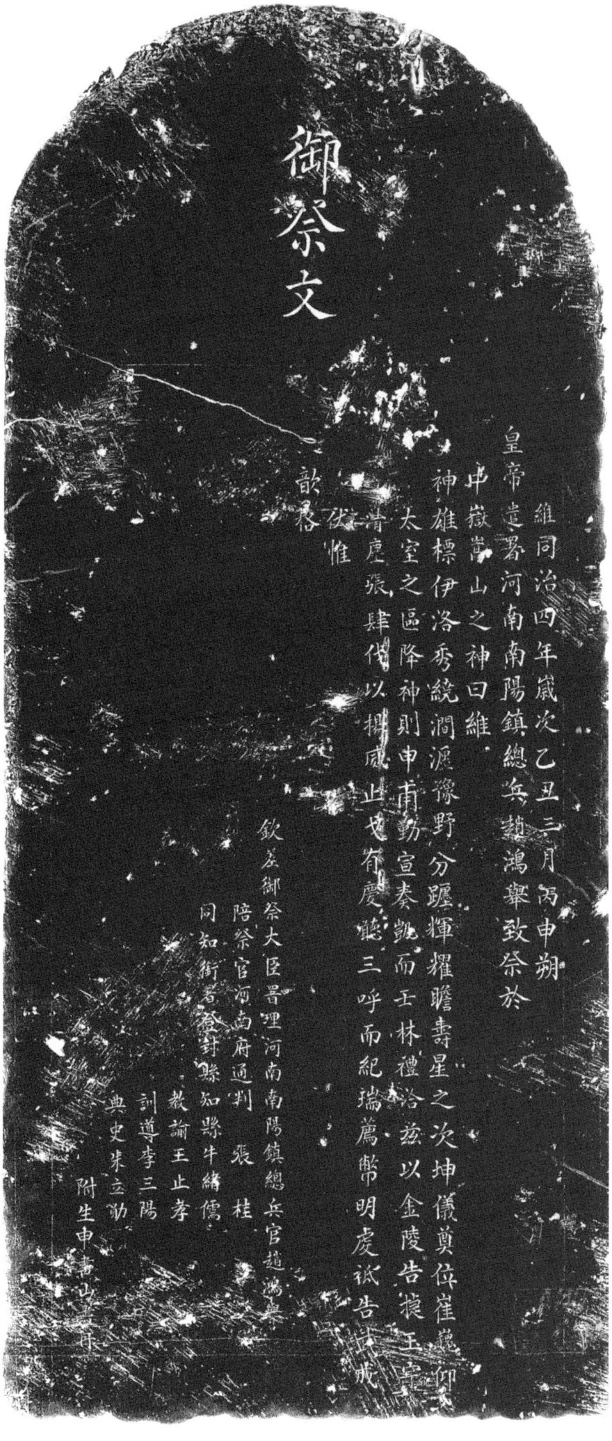

御祭文 申书山书 同治四年三月

御祭文　李葆恒书　光绪元年六月

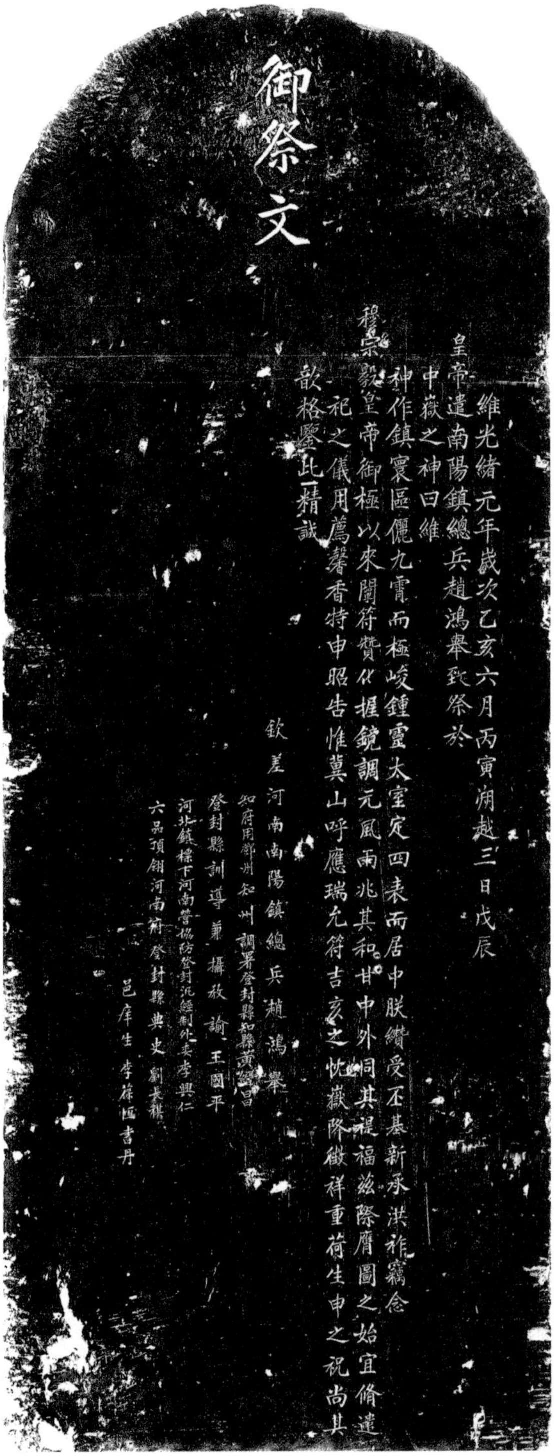

御祭文　李葆恒书　光绪元年六月

碑刻文物清单

中岳庙现存碑刻文物清单

序号	名称	年代	材料	形制特征	保存状况
1	中岳嵩高灵庙之碑	北魏太延年间（435—440 年）	石	在峻极门东南，东岳殿西南角。高 2.84 米，宽 0.99 米	完好
2	状嵩高灵胜诗碑	唐太和三年（829 年）六月十日	石	镶嵌在峻极门东掖门内墙壁，高 0.68 米、宽 0.96 米，尉迟汾撰	完好
3	新修嵩岳中天王庙碑铭	宋开宝六年（973 年）十二月	石	在西华门内。通高 5.05 米，碑身宽 1.39 米，碑身厚 0.58 米，卢多逊撰文，孙崇旺书丹。碑阴刻元代祭岳题记	完好
4	中岳中天崇圣帝庙碑铭	宋真宗大中祥符七年（1014 年）九月	石	在东华门内。通高 7.32 米，碑身宽 1.63 米，碑身厚 0.52 米，王曾撰文，白宪书丹并篆额	完好
5	御制中岳醮告文石幢	北宋真宗天熙三年（1019 年）九月	石	在峻极门前东侧，八棱石幢，高 2.27 米，围 1.1 米，宋真宗赵恒撰文，刘太初奉敕书丹	完好
6	增修中天崇圣帝庙碑铭并序	北宋真宗乾兴元年（1022 年）六月	石	在西华门内，通高 4.83 米，宽 1.3 米，厚 0.5 米，陈知微撰文，邢守元书丹	完好
7	重修中岳庙碑	金世宗大定二十二年（1182 年）	石	在东华门内。通高 5.6 米，宽 1.74 米，黄久约撰文，郝史书丹，党怀英篆额	完好
8	大金承安重修中岳庙图碑	金承安五年（1200 年）三月	石	在峻极门东掖门北走廊东端。高 1.33 米，宽 0.75 米，厚 0.14 米	完好
9	中岳投龙简诗碑	元仁宗皇庆二年（1313 年）五月	石	在峻极门西掖门内。高 1.35 米，宽 0.70 米，厚 0.25 米。碑阴刻明王守成《谒中岳庙》诗	完好
10	圣旨碑	元惠宗至元元年（1335 年）	石	在峻极门东南《中岳嵩高灵庙之碑》西侧。高 3.08 米，宽 0.93 米，厚 0.32 米	完好
11	“望嵩岳”诗碑	明弘治十一年（1498 年）	石	在峻极门。碑高 0.87 米，宽 0.46 米	完好
12	“告谢中岳庙文”残碑	明穆宗隆庆四年（1570 年）	石	倒伏在西车门内。碑下部残毁，仅存上部，残高 0.65 米，宽 0.78 米。圆首	残
13	五岳真形之图碑	明神宗万历二年（1574 年）	石	在峻极门东掖门北走廊西端。高 1.7 米，宽 0.78 米，厚 0.18 米。碑阴刻明万历陈文烛《解五岳图赠少林寺僧洪川广令歌》诗	完好
14	修醮神州殿碑记	明万历十一年（1583 年）二月	石	嵌砌神州宫西墙壁。碑高 0.37 米，宽 0.46 米	完好
15	修建神州宫圣母清醮记碑	明神宗万历十一年（1583 年）四月	石	嵌砌神州宫三仙殿前墙沿上。碑下沿有残缺，碑高 0.59 米，宽 0.28 米	有残损
16	修醮施彩幡碑	明神宗万历十二年（1584 年）三月	石	嵌砌在神州宫西墙壁。李桥撰文	完好

续表

序号	名称	年代	材料	形制特征	保存状况
17	修盖卷棚碑记	明神宗万历十四年（1586 年）十二月	石	嵌砌在神州宫西墙壁。碑高 0.84 米，宽 0.38 米	完好
18	朝谒三仙圣母修醮碑	明神宗万历十七年（1589 年）二月	石	嵌砌在神州宫西墙壁。碑高 0.4 米，宽 0.5 米	完好
19	修醮圆满诚记碑	明神宗万历十九年（1591 年）二月	石	嵌砌在神州宫西墙壁。碑高 0.58 米，宽 0.45 米	完好
20	新建修醮碑记	明神宗万历十九年（1591 年）闰三月	石	碑从中间断裂，合拢完整，嵌砌在神州宫西墙壁。碑高 0.45 米，宽 0.55 米	有裂纹
21	朝谒三仙圣母修醮碑	明神宗万历二十一年（1593 年）三月	石	嵌砌在神州宫西墙壁。碑高 0.45 米，宽 0.37 米	完好
22	“岳立天中”碑	明神宗万历年间	石	在中岳大殿前拜台偏西。碑高 3.60 米，宽 0.88 米，厚 0.22 米。圆首方趺，丁应泰题。碑阴刻明《谒中岳庙诗》	完好
23	“岳灵”碑	明神宗万历年间	石	碑在黄盖峰巅。圆首方趺，碑高 1.72 米，宽 0.75 米	完好
24	朝谒三仙圣母修醮碑	明神宗万历二十四年（1596 年）二月	石	嵌砌在神州宫西墙壁。碑高 0.4 米，宽 0.43 米	完好
25	五岳真形之图碑	明神宗万历三十二年（1604 年）	石	碑在峻极门前东侧。圆首方趺，碑高 3.75 米，宽 1.25 米，厚 0.32 米	完好
26	“谒中岳”诗碑	明神宗万历三十八年（1610 年）夏日	石	碑在峻极门东掖门前东侧。圆首方趺，碑高 2.12 米，宽 0.86 米，厚 0.19 米	完好
27	“登嵩山”诗碑	明神宗万历四十年（1612 年）春	石	碑在中岳大殿西南角月台下。碑高 1.75 米，宽 0.80 米，厚 0.16 米	完好
28	“登太室”诗碑	明神宗万历	石	碑嵌御书楼内。有断裂，合拢完整	有裂纹
29	“嵩高行”诗碑	明神宗万历四十年（1612 年）	石	碑在峻极门西掖门前台阶西侧。圆首方趺，碑高 2 米，宽 0.90 米，厚 0.14 米	完好
30	“卢崖诗”碑	明神宗万历四十年（1612 年）	石	碑在御书楼内。圆首，碑高 1.5 米，宽 0.75 米，碑刻叶秉敬题写《卢崖诗》	完好
31	朝三仙建醮碑	明神宗万历四十四年（1616 年）三月	石	碑嵌神州宫墙壁。碑高 0.4 米，宽 0.5 米	完好
32	鲤鱼跳龙门图碑	明代	石	碑在御书楼内。圆首方趺，碑高 1.55 米，宽 0.75 米，厚 0.16 米	完好
33	无字碑	清初	石	碑在无字碑亭内。碑高 2.24 米，宽 0.90 米，厚 0.20 米	完好
34	御祭文碑	清顺治八年（1651 年）四月	石	碑在御书楼东顺山房内。圆首，碑高 1.78 米，宽 0.60 米	完好
35	御祭文碑	清顺至十八年（1661 年）八月	石	碑在御书楼东顺山房内。圆首，碑高 2.30 米，宽 0.93 米	完好
36	“坎”字碑	清顺治年间	石	碑在中岳大殿后门。平首方趺，碑高 2.45 米，宽 0.90 米，厚 0.17 米	完好

续表

序号	名称	年代	材料	形制特征	保存状况
37	御祭文碑	清康熙六年（1667 年）八月	石	碑在御书楼东顺山房内。圆首，碑高 2.3 米，宽 0.93 米	完好
38	御祭文碑	清康熙三十六年（1697 年）八月	石	碑在御书楼东顺山房内。圆首，碑高 1.50 米，宽 0.65 米	完好
39	重修中岳行宫碑记	清康熙五十四年（1715 年）三月	石	碑在中岳大殿前月台西侧。圆首方趺，碑高 2 米，宽 0.76 米，厚 0.19 米	完好
40	御祭文碑	清雍正元年（1723 年）二月	石	碑在御书楼西顺山房内。圆首，碑高 1.70 米，宽 0.70 米	完好
41	“恭读御祭文诗”碑	清雍正二年（1724 年）仲冬	石	碑在中岳大殿月台下西南角。圆首方趺，碑高 1.64 米，宽 0.78 米，厚 0.20 米。张汉撰并书	完好
42	御祭文碑	清乾隆十三年（1748 年）五月	石	碑在御书楼西顺山房内。圆首，碑高 1.80 米，宽 0.65 米	完好
43	御祭文碑	清乾隆十四年（1749 年）六月	石	碑在御书楼西顺山房内。圆首，碑高 1.18 米，宽 0.70 米	完好
44	重修中岳庙碑	清乾隆十五年（1750 年）八月	石	碑在中岳大殿月台下西南角。龙首方趺，碑高 3.5 米，宽 0.96 米，厚 0.23 米	完好
45	乾隆御帝御制“登华盖峰歌”诗书碑	清乾隆十五年（1750 年）冬十月	石	碑嵌三仙殿前西墙壁。碑首佚失，方趺，碑高 2.3 米，宽 1.05 米	完好
46	乾隆帝御制“谒岳庙诗”诗书碑	清乾隆庚午年（1750 年）十月	石	碑嵌三仙殿前西墙壁。刻在两通石碑上。一碑高 2.3 米，宽 1.3 米；另一碑高 2.45 米，宽 1.17 米	较好
47	乾隆帝御制“岳庙秩祀礼成作”诗书碑	清高宗乾隆庚午（1750 年）冬十月	石	碑在中岳大殿前西御碑亭内。龙首方趺，碑通高 3.80 米，宽 0.88 米，厚 0.16 米	完好
48	御祭文碑	清乾隆二十年（1755 年）八月	石	碑在御书楼西顺山房内。圆首，碑高 1.60 米，宽 0.66 米	完好
49	御祭文碑	清乾隆二十五年（1760 年）正月	石	碑在御书楼西顺山房内。圆首，碑高 1 米，宽 0.6 米	完好
50	重修中岳庙碑	清乾隆二十五年（1760 年）十二月	石	碑在峻极门西掖门前踏道西侧。龙首方趺，碑通高 3.85 米，宽 1.13 米，厚 0.25 米	完好
51	御祭文碑	清乾隆二十七年（1762 年）正月	石	碑在御书楼西顺山房内。圆首，碑高 1.7 米，宽 0.65 米	完好
52	御祭文碑	清乾隆四十一年（1776 年）七月	石	碑在御书楼西顺山房内。圆首，碑高 1.6 米，宽 0.65 米	完好
53	“乾隆御制诗书”碑	清乾隆四十八年（1783 年）季春	石	碑在中岳大殿前东御碑亭内。龙首方趺，碑通高 3.76 米，宽 0.88 米，厚 0.18 米	完好
54	御祭文碑	清嘉庆五年（1800 年）二月	石	碑在御书楼西顺山房内。圆首，碑高 1.5 米，宽 0.65 米	完好

续表

序号	名称	年代	材料	形制特征	保存状况
55	御祭文碑	清嘉庆九年（1804年）三月	石	碑在御书楼西顺山房内。圆首，碑高1.5米，宽0.6米	完好
56	御祭文碑	清嘉庆十四年（1809年）三月	石	碑在御书楼东顺山房内。圆首，碑高1.48米，宽0.6米	完好
57	邑侯捐奉重修碑	清嘉庆十七年（1812年）三月	石	碑嵌峻极门内墙壁。碑呈长方形，横长1.85米，高0.70米	完好
58	布施碑	清嘉庆十七年（1812年）	石	碑置峻极门内。圆首方趺，碑高1.92米，宽0.73米	完好
59	重修广生殿金桩神像记碑	清嘉庆二十四年（1819年）九月	石	碑在神州宫三仙殿前，被作为铺路石。高0.58米，宽0.46米	一般
60	御祭文碑	清嘉庆二十五年（1820年）十一月	石	碑在御书楼东顺山房内。圆首，碑高1.5米，宽0.6米	完好
61	御祭文碑	清道光元年（1821年）八月	石	碑在御书楼东顺山房内。圆首，碑高1.75米，宽0.7米	完好
62	御祭文碑	清道光九年（1829年）	石	碑在御书楼东顺山房内。圆首，碑高1.53米，宽0.57米	完好
63	御祭文碑	清道光十六年（1836年）二月	石	碑在御书楼西顺山房内。圆首，碑高1.5米，宽0.6米	完好
64	御祭文碑	清道光三十年（1850年）五月	石	碑在御书楼东顺山房内。圆首，碑高0.8米，宽0.7米	一般
65	御祭文碑	清咸丰十年（1860年）六月	石	碑在御书楼东顺山房内。圆首，碑高1.6米，宽0.6米	完好
66	御祭文碑	清同治四年（1865年）三月	石	碑在御书楼西顺山房内。圆首，碑高1.9米，宽0.8米	完好
67	御祭文碑	清德宗光绪元年（1875年）六月	石	碑在御书楼西顺山房内。圆首，碑高1.8米，宽0.6米	完好
68	日柏亭成记碑	清宣统二年（1910年）七月	石	碑嵌日柏亭北壁。碑高0.6米，宽0.5米。中间有断裂痕迹，缺损10余字	残
69	捐资碑	民国5年（1916年）春季	石	碑在峻极门东掖门内。横长1.52米，宽0.42米	完好
70	吴佩孚诗书碑	民国16年（1927年）四月	石	碑在峻极门西掖门内。碑高1.3米，宽0.6米，厚0.12米	完好
71	吴佩孚诗书碑	民国16年（1927年）四月	石	碑在峻极门西掖门内。碑高0.8米，宽0.58米，厚0.15米	完好
72	吴佩孚书对联和关羽画像碑	民国16年（1927年）四月	石	碑在峻极门西掖门内。平首方趺，碑高1.06米，宽0.95米。中间断裂，下部残缺。碑阴刻关羽画像	残
73	梅花、钟馗画像碑	民国18年（1929年）冬	石	碑在峻极门西掖门内。下部残。碑刻梅花和“咏梅”诗两首。碑阴刻钟馗画像	残

续表

序号	名称	年代	材料	形制特征	保存状况
74	林森书“太室阙”石额	民国 21 年（1932 年）	石	碑在中岳大殿内。长方形，高 0.70 米，宽 1.41 米，厚 0.12 米。碑右上角残损	残
75	“太室阙”石额	民国	石	碑在太室阙保护房内。长方形，高 0.33 米，宽 1.33 米，厚 0.14 米	完好
76	登封县县长毛公德政碑	民国 23 年（1934 年）十一月	石	碑立中岳庙东廊房前。圆首方趺，高 1.78 米，宽 0.65 米，厚 0.15 米	完好
77	中岳风景区整建会告白碑	民国 31 年（1942 年）	石	碑镶嵌在太室阙保护房内。高 0.25 米，宽 0.41 米。碑刻“禁止游人在太室阙上面题字”	完好
78	“日星河岳”碑	民国 31 年（1942 年）	石	碑立化三门前。平首方趺，高 1.77 米，宽 0.66 米，厚 0.15 米。白崇禧书	完好
79	“日星河岳”碑	民国 31 年（1942 年）	石	碑在峻极门西掖门内。碑高 1.79 米，宽 0.66 米，厚 0.15 米	残
80	“中华门”石额	民国	石	原为中华门中门洞门额，1999 年春拆除中华门，存放庙内，高 0.6 米，宽 1.1 米	完好
81	“天中”石额	民国	石	原为中华门东门洞南门额，1999 年春拆除中华门，存放庙内，高 0.8 米，宽 1.5 米	完好
82	“嵩峻”石额	民国	石	原为中华门东门洞北门额，1999 年春拆除中华门，存放庙内，高 0.8 米，宽 1.5 米	完好
83	“依嵩”石额	民国	石	原为中华门西门洞南门额，1999 年春拆除中华门，存放庙内，高 0.8 米，宽 1.5 米	完好
84	“带颍”石额	民国	石	原为中华门西门洞北门额，1999 年春拆除中华门，存放庙内，高 0.8 米，宽 1.5 米	完好

游 记

宋代以降，写嵩岳胜迹游记的文章很多，文辞隽永，内容蔚为大观，是解读嵩山文化多样性的珍贵文史资料。限于篇幅，仅摘录两篇名著。

游嵩山日记

[明]徐霞客

余髫年蓄五岳志，而玄岳出五岳上，慕尤切。久拟历襄、郧，扪太华，由剑阁连云栈，为峨眉先导；而母老志移，不得不先事太和，犹属有方之游。第沿江溯流，旷日持久，不若陆行舟返，为时较速。乃陆行汝、邓间，路与陕、汴略相当，可以兼尽嵩、华，朝宗太岳。遂以癸亥仲春塑，决策从嵩岳道始。凡十九日，抵河南郑州之黄宗店。由店右登石坡，看圣僧池。清泉一涵，淳碧山半。山下深涧交叠，涸无滴水。下坡行涧底，随香炉山曲折南行。山形三尖攒立如覆鼎，众山还之，秀色娟娟媚人。涧底乱石一壑，作紫玉色。两崖石壁宛转，色较缜润；想清流汪注时，喷珠泄黛，当更何如也！十里，登石佛岭。又五里，入密县界，望嵩山尚在六十里外。从歧路东南二十五里，过密县，抵天仙院。院祀天仙，云黄帝之三女也。白松在祠后中庭，相传三女蜕骨其下。松大四人抱，一本三干，鼎耸霄汉，肤如凝脂，洁逾傅粉，蟠枝虬曲，绿鬣舞风，昂然玉立半空，洵奇观也！周以石栏。一轩临北，轩中题咏绝盛。徘徊久之，下观滴水。涧至此忽下跌，一崖上覆，水滴历其下。还密，仍抵西门。三十五里，入登封界，曰耿店。南向为石淙道，遂税驾焉。

二十日 从小径南行二十五里，皆土冈乱垄。久之，得一溪。渡溪，南行冈脊中，下瞰，则石淙在望矣。余入自大梁，平衍广漠，古称“陆海”，地以得泉为难，泉以得石尤难。近嵩始睹蜿蜒众峰，于是北流有景、须诸溪，南流有颍水，然皆盘伏土碛中。独登封东南三十里为石淙，乃嵩山东谷之流，将下入于颍。一路陂陀屈曲，水皆行地中，至此忽逢怒石。石立崇冈山峡间，有当关扼险之势。水沁入胁下，从此水石融和，绮变万端。绕水之两崖，则为鹄立，为雁行；踞中央者，则为饮兕，为卧虎。低则屿，高则台，愈高，则石之去水也愈远，乃又空其中而为窟，为洞。揆崖之隔，以寻尺计；竟水之过，以数丈计。水行其中，石峙于上，为态为色，为肤为骨，备极妍丽。不意黄茅白苇中，顿令人一洗尘目也！

登陇，西行十里，为告成镇，古告成县地。测景台在其北。西北行二十五里，为岳庙。入东华门时，日已下舂，余心艳卢岩，即从庙东北循山行。越陂陀数重，十里，转而入山，得卢岩寺。寺外数武，即有流铿然下坠石峡中。两旁峡色，氤氲成霞。溯流造寺后，峡底矗崖，环如半规，上覆下削。飞泉堕空而下，舞绡曳练，霏微散满一谷，可当武彝之水帘。盖此中以得水为奇，而水复得石，石复能助水不尼水，又能令水飞行，则比武彝为尤胜也。徘徊其下，僧梵音以茶点饷。急返岳庙，已昏黑。

二十一日 晨，谒岳帝。出殿，东向太室绝顶。按嵩当天地之中，祀秩为五岳首，故称嵩高，与少室并峙，下多洞窟，故又名太室。两室相望如双眉，然少室嶙峋，而太室雄厉称尊，俨若负扆。自翠微以上，连崖横亘，列者如屏，展者如旗，故更觉岩岩。崇封始自上古，汉武以嵩呼之异，特加祀邑。宋时逼近京畿，典礼大备。至今绝顶犹传铁梁桥、避暑寨之名。当盛之时，固可想见矣。

太室东南一支，曰黄盖峰。峰下即岳庙，规制宏壮。庭中碑石矗立，皆宋、辽以来者。登岳正道，乃在万岁峰下，当太室正南。余昨趋卢岩时，先过东峰，道中见峰峦秀出，中裂如门，或指为金峰玉女沟，从此亦有路登顶，乃觅樵预期为导，今遂从此上。近秀出处，路渐折避之，险绝不能径越也。北就土山，一缕仅容攀跻，约二十里，遂越东峰，已转出裂门之上。西度狭脊，望绝顶行。是日浓云如泼墨，余不为止。至是岚气愈沉，稍开则下瞰绝壁重崖，如列绡削玉，合则如行大海中。五里，抵天门。上下皆石崖重叠，路多积雪。导者指峻绝处为大铁梁桥。折而西，又三里，绕峰南下，得登高岩。凡岩幽者多不畅，畅者又少回藏映带之致。此岩上倚层崖，下临绝壑，洞门重峦拥护，左右环倚台嶂。初入，有洞岈然，洞壁斜透；穿行数武，崖忽中断五尺，莫可着趾。导者故老樵，狷捷如猿猴，侧身跃过对崖，取木二枝，横架为阁道。既度，则岩穹然上覆，中有乳泉、丹灶、石榻诸胜。从岩侧跻而上，更得一台，三面悬绝壑中。导者曰："下可瞰登封，远及箕、颍。"时浓雾四塞，都无所见。出岩，转北二里，得白鹤观址。址在山坪，去险就夷，孤松挺立有旷致。又北上三里，始跻绝顶，有真武庙三楹。侧一井，甚莹，曰御井，宋真宗避暑所浚也。

饭真武庙中。问下山道，导者曰："正道从万岁峰抵麓二十里，若从西沟悬溜而下，可省其半，然路极险峻。"余色喜，谓嵩无奇，以无险耳。亟从之，遂策杖前。始犹依岩凌石，披丛条以降。既而从两石峡溜中直下，仰望夹崖逼天。先是峰顶雾滴如雨，至此渐开，景亦渐奇。然皆垂沟脱磴，无论不能行，且不能止。愈下，崖势愈壮，一峡穷，复转一峡。吾目不使旁瞬，吾足不容求息也。如是十里，始出峡，抵平地，得正道。过无极洞，西越岭，趋草莽中，五里，得法皇寺。寺有金莲花，为特产，他处所无。山雨忽来，遂借榻僧寮。其东石峰夹峙，每月初生，正从峡中出，所称嵩门待月也。计余所下之峡，即在其上，今坐对之，只觉云气出没，安知身在此中来也。

二十二日 出山，东行五里，抵嵩阳宫废址，惟三将军柏郁然如山，汉所封也。大者围七人，中者五，小者三。柏之北，有室三楹，祠二程先生。柏之西，有旧殿石柱一，大半没于土，上多宋人题名，可辨者为范阳祖无择、上谷寇武仲及苏才翁数人而已。柏之西南，雄碑杰然，四面刻蛟螭甚精。右侧为唐碑，裴迥撰文，徐浩八分书也。又东二里，过崇福宫故址，又名万寿宫，为宋宰相提点处。又东为启母石，大如数间屋，侧有一平石如砥。又东八里，还饭岳庙，看宋、元碑。

西八里，入登封县。西五里，从小径西北行。又五里，入会善寺，茶榜在其西小轩内，元刻也。后有一石碑仆墙下，为唐贞元戒坛记，汝州刺史陆长源撰文，河南陆郢书。又西为戒坛废址，石上刻镂极精工，俱断委草砾。西南行五里，出大路，又十里，至郭店。折而西南，为少林道。五里，入寺，宿瑞光上人房。

二十三日 云气俱尽。入正殿，礼佛毕，登南寨。南寨者，少室绝顶，高与太室等，而峰峦峭拔，负九鼎莲花之名。俯环其后者为五乳峰，蜿蜒东接太室，其阴则少林寺在焉。寺甚整丽，庭中新旧碑森列成行，俱完善。夹墀二松，高伟而整，如有尺度。少室横峙于前，仰不能见顶，游者如面墙而立，辄谓少室以远胜。余昨暮入寺，即问少室道，俱谓雪深道绝，必无往。凡登山以晴朗为佳。余登太室，云气弥漫，或以为仙灵见拒，不知此山魁梧，正须止露半面。若少室工于掩映，虽微云岂宜点滓？今则霁甚，适逢其会，乌可阻也！乃从寺南渡涧登山，六七里，得二祖庵。山至此忽截然土尽而石，石崖下坠成坑。坑半有泉，突石飞下，亦以珠帘名之。余策杖独前，愈下愈不得路，九之乃达。其岩雄拓不如卢岩，而深峭过之。岩下深潭泓碧，僵雪四积。再上，至炼丹台，三面孤悬，斜倚翠壁，有亭曰小有天，探幽之屐，从未有抵此者。过此皆从石脊仰攀直跻，两旁危崖万仞，石脊悬其间，殆无寸土，手与足代匮而后得升。凡七里，始跻大峰，峰势宽衍，向之危石，又截然忽尽为土。从草棘中莽莽南上，约五里，遂凌南寨顶，屏翳之土始尽。南寨实少室北顶，自少林言之，为南寨云。盖其顶中裂，横界南北，北顶若展屏，南顶列戟峙，其前相去仅寻丈，中为深崖，直下如剖。两崖夹中，坑底特起一峰，高出诸峰上，所谓摘星台也，为少室中央。绝顶与北崖离倚，彼此斩绝不可度。俯瞩其下，一丝相属。余解衣从之，登其上，则南顶之九峰森立于前，北顶之半壁横障于后，东西皆深坑，俯不见底，罡风乍至，几假翰飞去。

从南寨东北转，下土山，忽见虎迹大如升。草莽中行五六里，得茅庵，击石炊所携米为粥，啜三四碗，饥渴霍然去。倩庵僧为引龙潭道。下一峰，峰脊渐窄，土石间出，棘蔓翳之，悬枝以行，忽石削万丈，势不可度。转而上跻，望峰势蜿蜒处趋下，而石削复如前。往复不啻数里，乃迂过一坳，又五里而道出，则龙潭沟也。仰望前迷路处，危崖欹石，俱在万仞峭壁上。流泉喷薄其中，崖石之阴森崭截者，俱散成霞绮。峡夹涧转，两崖静室如蜂房燕垒。凡五里，一龙潭沉涵凝碧，深不可规以丈。又经二龙潭，遂出峡，宿少林寺。

二十四日 从寺西北行，过甘露台，又过初祖庵，北四里，上五乳峰，探初祖洞。洞深二丈，阔杀之，达摩九年面壁处也。洞门下临寺，面对少室。地无泉，故无栖者。下至初祖庵，庵中供达摩影石，石高不及三尺，白质黑章，俨然西僧立像。中殿六祖手植柏，大已三人围，碑言自广东置钵中携至者。夹墀二松亚少林。少林松柏俱修伟，不似岳庙偃仆盘曲，此松亦然。下至甘露台，土阜矗起，上有藏经殿。下台，历殿三重，碑碣散布，目不暇接。后为千佛殿，雄丽罕匹。出饭瑞光上人舍。策骑趋登封道，过轘辕岭，宿大屯。

二十五日 西南行五十里，山冈忽断，即伊阙也。伊水南来经其下，深可浮数石舟。

伊阙连冈，东西横亘，水上编木桥之。渡而西，崖更危耸。一山皆劈为崖，满崖镌佛其上，大洞数十，高皆数十丈。大洞外峭崖直入山顶，顶俱刊小洞，洞俱刊佛其内。虽尺寸之肤，无不满者，望之不可数计。洞左，泉自山流下，汇为方池，余泻入伊川。山高不及百丈，而清流淙淙不绝，为此地所难。伊阙摩肩接毂，为楚、豫大道，西北历关陕。余由此取西岳道去。

游中岳记

[民国]傅增湘

余生平惟乐闲放，雅意山林，中年以来，即有遍游五岳之志。宣统辛亥，首礼岱宗，越二十有三年壬申，始升太华。嗣是甲戌初夏，南入衡山，丙子初夏，北登玄岳，独嵩高近在中州，未遑一往。忆庚申辛酉间，门人金钟麟摄篆登封，驰书速驾，余以轨辙未通，惮于跋涉而止。已而河北多故，争战连年，巩洛之交，道途多梗，南瞻二室，徒托神游。今春以探梅南下，遍揽秣陵、梁溪、超山、邓尉之胜，匝月始归。归而太液讨春，旸台探杏，芳风韶景，排日为欢。洎花事阑珊，清河已届，乃招邀同好，作计远游，以完夙愿。邢君蜇人、徐君森玉，旧时胜友，四姪毅如，以常侍笔砚，爰令从行。至如周君养庵、江君翼云亦频年游侣，一则临期爽约，一则道远难招，胜游良会，岂亦有前缘耶。

四月初十日。夜发自旧京，翊日抵郑州。次女惠文偕李婿静远自开封来迓，邮亭小驻，藉叙别怀，悼逝伤离，转多惆怅。即夕易车而西。

十二日。凌晨至偃师县，邑令马君维骖迓于驿次。县距登封九十里，车行一日可达。县前岁被水，移治于槐庙村，僦民舍为官廨，湫隘殊甚。马令晋人，从门人吕著青日久，为言豫西频年苦旱，偃师被灾亦重，方点放振金，不及从游，幸前日得雨，民情差定。食粥启行，具薄笨车四辆属教育局长周君培元为导。五里杨村渡河，河为伊洛合流处，清波弥漫，舟楫往来，为邑中胜景。又十里呼沱乡，周君言有太子塚，在道西里许。步往一视，塚巍耸入祟邱，四面土阜，对立如门，各置石兽一双，南面翁仲石兽成行，状貌巍闳，雕镌精妙。钜碑仆地，长丈许，就视题额，为孝敬皇帝睿德之记，唐高宗御制并书，额作飞白书，尤为婉丽，疑则天后笔也。闻此石久霾土中，世少传本，近始掘出。马令以新拓见贻，下半颇有残缺，存者尚千七百余字。据刘昫《唐书》列传，太子弘，高宗第五子，上元二年从幸合璧宫，寻薨。葬于缑氏县景山之恭陵，制度一准天子之礼，高宗为制睿德纪，并自书之于石，树于陵侧，即此碑也。父书子碑，亦石刻创例矣。武虚谷言，碑云弘字宣慈，而史乃失纪。又，一岁始封，数至薨时，年乃二十一，今传作二十四者误。知石刻之可以证史也。明都元敬游记指为庐陵王墓，殆未见此碑耶！自此南行，地势渐高，连冈环互。又十五里府店，少驻。小学堂长徐力适率学生数十人来迎，余略致训勉之词。饭罢往游缑氏山，驱车出南门，二里许抵山半。山为孤立土阜，一名覆屣，因谓之抚父堆。上有子晋祠，唐武后改名升仙太子庙。殿左阶下有升仙太子碑，文为金轮皇帝御撰并书，草法极工，似章草及皇象书，题额亦用飞白体。碑高一丈七尺，文字尚完好，谓子乔为周灵王太子，不取蔡邕碑文及裴秀冀州记之说，盖以莲花六郎方其后身耳。《隋唐嘉话》载：武三思谓张昌宗为子晋后身，为诗赠之，后以嬖幸之故，为崇饰此祠，亵黩甚矣。文中云"开庙后之荒基，获藏中之古剑"。按：《真诰》云：战国时有人发墓，见一剑在室，忽飞入天中。疑用此典。碑阴有武后御制游仙诗，薛曜所书，下载诸臣题名，为钟绍京书，碑侧有政和元年邓洵武题名。余以朱书留名于左方。阶右一碑，题"永安县缑山通天观重修升仙太子大殿记"，宋明道二年立，谢绛撰，僧智成书，王顾篆额，字端秀有虞褚风格，碑后亦多北宋人题识。此碑拓本稀见，当乞马令为致一本也。检山志载有唐乾符四年郑畋谒庙诗刻，宋宣和庚子卢功裔"新修缑山仙祠记"，金承安二年滹南老人"缑山诗"，至元十五年杜成宽"洛京缑山改建升仙宫记"，咸忽遽未及访得。后殿像设不古，题有乾隆御书楹帖，左右亭刻御制诗。后垣有高台，俗呼为望月台，岂即升仙台之旧址耶！志载有石室、饮鹤池，徐君言山半有古洞，或为石室，池则久湮灭矣。别有拜马涧、子晋垒、浮丘洞、洛鹿涧，皆号为子晋仙迹，要皆附会升仙之野语耳。山童髡无树，胜景不存，无可盘桓，或者风晨月夕登眺为宜。徐君坚留一饭，以日暮途远谢之。下山，仍经府店，出东门，循径东南斜上，行二十里至参驾店。村聚尚繁，志言唐麟德久视间，车驾驻跸，从臣参侍，因名。余窃疑店南岭道险峻，凡车行过此，必加马为骖，或缘此得名也。御者停车，各赁牛马，系之辕左而行。出村即坡坨而上，石径崎岖，累转益高，旋折如之字，约八里达崿岭口，即古轘辕关也。轘辕古称厄塞，夹壁嶙峋，形势颇壮。岭上斩岩削壁，遍镌佛像，石栈萦纡，凡十二曲，左临深涧，有太行摧车之险。《唐书》言，高宗屡如嵩，凿石开广，如车箱之状。房注《管子》，谓路形若辕，而又轘曲。今观其形势，信不虚矣。下岭，路渐坦夷，循太室西北而降，连嶂回旋，林泉葱润，至山麓折而西，溪声拂耳，岚彩照人，塔影檐牙，隐隐出林际。行五里，入少林寺，日色近暮。森玉以步行先至，下榻于后堂。夜与方丈谈本寺被兵事。言昔年樊钟秀盘据山中，尚无俶扰，嗣官军会剿，樊退后，领军裨将愤而纵火，于是山门以内，天王、大雄诸殿咸付一炬。劫后更举全邑寺产悉籍入官，本寺以千年古刹，幸邀未减。然频遭荒年，斋厨萧索，几无以自存，今僧众秖留三十余人，大非昔时胜观矣。

十三日。晨起，云气连山，大雨忽作。森玉冒雨游二祖庵，陵高历险，冲云而出，衣履沾濡。窬午后开霁，乃议出游。寺在少室北麓，后枕五乳峰，俨如凤张两翅，前面御寨，端拱列屏，门外少溪，回绕如环带，宽闲幽丽，天然胜区。后魏孝文帝诏建此寺，以居跋陀。其后慧光翻经，达摩面壁，高僧异迹，大阐宗风。唐太宗破王世充时，得寺僧昙宗等之助，曾赐教褒勉，原书刻石尚存。元末又传紧那罗王示现，解红巾之难。故寺僧以勇伎名天下，习手搏者奉为祖师，世所传少林拳法是也。余询之主僧，今时梵诵之余，搏击犹为日课，斯以缁徒之绝特者也。寺本依山辟址，层累而上，构架恢闳。唐世以来，缮治尤盛，高宗武后，频动宸游，裴漼碑文所述，如“妙楼香阁、俯映乔林，金刹宝铃、上摇清汉，梵天宫阙、悬日月之光华，佛地园林、动烟云之景色”，可谓名冠境，礼殊恒刹矣。自山门以上，殿宇七重，天王殿、三宝殿、藏经阁皆毁于十七年秋之役，不独阁内龙藏金函、历代诏敕、名贤翰墨，咸寸楮不存，即五品秦槐、西域娑罗树、魏齐古刻列于阶墀左右者，亦摧夷俱尽，余徘徊于残株断石、败瓦颓垣之间，为之悼欢无已。禅堂之后为大雄殿，卑狭不称，疑近代所改筑。殿后为毘卢阁，壮大可观，而敝旧已甚。志言阁建于万历戊子，明慈圣太后撤伊王府殿材，凿山为基，其闳丽可知。阁下两壁书罗汉像，墨色暗淡，而奕奕有神。满室平布方砖，中有凹处，隐然成行，寺僧谓是习拳所致。中龛玉佛一尊，为永乐七年唐王所造，以报佛恩者也。旁供紧那罗王像，怪猛可畏，即所传至正间示现却红巾者。委地断碑，检视知为蔡卞所书“达磨面壁之庵”六字。寺前后碑碣林立，有北齐武平元年造像，在寺中最为古刻，惜新毁于火。其唐代存者有太宗手教、武后诗札、裴漼少林寺碑、灵运禅师塔铭、顾少连厨库记、释义净戒坛铭、王知敬书金刚经陀罗尼咒，文字皆茂美。宋石存者有文潞公诗、楼异三十六峰赋、灵芝碑。元石存者有程钜夫裕公碑，为赵松雪书。其嵌壁横阶、题名诗壁，往往而是，志多不载，亦不能尽举也。立雪亭旧在寺内，询之久圮。与森玉、蛰人二公同访初祖庵，出门沿少溪西行，折而北，过甘露台，为跋陀翻经降甘露之所，拾级而登，则雕栏镂础，横卧荒草中，仅辨其遗址耳。循涧曲折而入，约三里许始至。庵筑于高冈上，五峰屏倚，双涧交环，松柏苍寒，蔚然深秀。门左右柏下倚一碑，王士性题曰“六祖手植柏”，传为惠能钵盂中携至者。前有古桧，凌霄附其上，即寺僧艳称之三花树也。正殿结构古朴，殿中石柱浮雕云龙天神像，镌工精丽，石莹洁如玉，仰观柱顶，隐有文字，叠几审视，则北宋人题记也。文曰“广南东路韶州仁化县潼阳乡乌珠经塘村居士佛弟子刘善恭谨施此柱一条，回向真如实际，无上福果菩提，四恩总报，三有齐资，愿善恭同一切有情早圆佛果。大宋宣和七年佛成道日焚香书”。岭南万里，浮海而来，献此石柱，愿力可谓闳矣。其佛龛下石栏亦有花纹，疑皆宋时遗物。余就壁上题来游岁月及同游人姓名，以志胜迹。殿后旧有双松，夭娇如龙，今存其一，属四侄为留一影。松下碑刻森列，一为黄山谷书偈语十六字，一为长芦慈觉颐禅师□中佛事碑，政和四年沙门惠初记并书，一为佛迹碑，一为蔡京书达磨面壁之塔六字。别有元明人诗刻数通，其李之纯面壁记、欧阳玄达摩碑、罗洪先初祖殿记，榛芜满院，猝不可觅。后院楹宇崩颓，西除败屋二楹，意所谓雪庭西舍欤。老僧指面壁洞，远在五乳峰腰，仰视细径斗绝，脚力告疲，遂不及探。面壁影石旧倚洞中，嗣移于庵，覆以小亭，近岁更挈置少林寺正殿，以便游客玩赏，亦毁于十七年之火。石本出溪涧中，纹理偶尔肖似，遂传为灵迹，后人竟疑信参半，今一旦还诸太空，斩尽无数葛藤，亦快事也。归途游西塔院，高原茂树，塔影重重，湧出林表，自唐宋以迄元明，凡二百余座，形制各殊，唐代雕镂有极精者。穿林觅石，手足交疲，兹记其古旧标题。文曰“大唐东都敬善寺故开法临潭大德法玩禅师塔铭，太中大夫守京尹上护军赐紫金鱼袋李玄撰，贞元七年十月廿八日新塔建立，扶风马士瞻书”，铭词多不及录。别有大历六年同光禅师塔铭，为县令郭湜撰，僧灵迅书，书法与化度寺相似。又金正隆二年西堂法和尚塔铭，为守一道人牛本寂撰并书，大安元年崇公禅师塔铭，为僧□昭撰，僧□柔书。此皆中州金石记所不载，知塔院文字可以补碑目者正多也。回寺束装戒行，题名于宋人碑侧而去。五里至郭店，道出二室间，夕阳掩映，岚翠霏微，耳目清旷，连日尘氛为之涤尽。十里邢家铺，观少室阙。阙在道旁麦陇中，叠石为门如双柱，文字凡二十一行，行四字，皆题阳城县官吏姓名，而亡其铭词。隶法朴厚，旁石雕人物鸟兽之状，意象古拙，武梁祠之属也。又行十余里，入登封县城。邑令遣人导入女子学校后院，屋宇卑湫，聊资栖息耳。李君清秀来，商榷游事，排定日程。明日先游近郊诸寺，为备人驴，以资代步。

十四日。晨，邑令毛君汝采来，言登封旱已三年，灾情冠豫西诸县，迄于今春尤甚。募集公私振贷，得二十万金，连日方周历四乡，急于散放。行政资费无出，省府不予佽助，学校团甲诸人皆枵腹从公，闻之使人于邑。辰初启行，出东门北行，观启母石阙。刻辞兼篆隶二体，文字视少室石阙为多，地基址已倾陊矣。北抵山麓，观启母石。高二丈余，阔半之，旁裂小石，实际山石崩坠中裂为二，而诡诞流传，遂有石破生启之说，此淮南寓言，无庸深辨也。启母庙久圮，并碑记亦无存。遵麓而西，道旁有龙神庙，中有方池，祷雨者乞水于此。稍西里许，为崇福宫，汉时万岁观也。唐改名太乙观，宋代置提举管勾等官，以朝臣领之，为祝厘之所。范希文、韩持国、司马君实、吕献可、程伯淳、正叔皆先后领此宫，明贤退逸，觞咏流连，文采风流，传为盛事，今则祠宇摧颓，三清遗像露坐败屋中。访弈棋、樗蒲、泛觞诸亭，俱不可知，惟宫后荒台，犹有流杯石渠之迹，差得仿佛耳。墙隈圃角，遗碣多金元物，披榛剔藓，粗记名品。其散弃于草土中，奇零残缺，尚多不胜收。惟墙阴嵌石有宋人题名，曰“玉川仙裔值雪留两日，宣和庚子岁后三日题”，其文字差可纪耳。又西行里许，遇叠石溪，经小村聚，少北，上至嵩阳书院。此地本名嵩阳寺，创于北魏孝文帝太和八年，唐改为嵩阳观，后改天封观，宋易名天封宫，元名嵩阳宫，明县令侯泰即其故址建二程祠，复置嵩阳书院于此。盖五代时曾于嵩岳之南建太室书院，宋景祐中重修，更名嵩阳，奏置院长，赐学田，颁经籍，遂为天下四大书院之一。沿及金元，寖致衰歇，至侯氏乃就寺址以复书院之旧，然未久亦旋废矣。清康熙时，县令叶封又重修之，更得邑人耿逸庵相助振兴，聚徒讲学，一仿鹿洞遗规，洎耿没而风流澌灭殆尽。光宣以来，书院废而学校兴，近年河洛频事兵争，登邑又遭荒歉，由是觥觥学舍，夷为戎马之场，甚至乞丐流民，于焉麇集。余入院循视，草土污秽，檐户败残，如行卑田院中，不意中州文献之邦，诗书弦诵之地，其荒芜衰落至斯而极也，为悼叹者久之。院有汉封双柏，最为伟观，大者可五六人围，苍皮尽脱，肤理如铁石，高不越数丈，而蟠根深固，老干披离，中裂一洞，可容数人，猛壮如罴虎，严重如山岳虎，论其年寿，当越大夫松、五品槐以上，都元敬以为殷周间物，信矣。余与蜇人在树穴中摄取一影，柏旁石柱宋人题名凡二十二段，有苏舜元、邢恕、祖无择、文及甫诸人，其宣和七年何栗则吾蜀人也。欲访韩退之、欧阳永叔题名，竟不可得。文潞公题名五行，陷置墙隅，笔画殊庸俗，或出后人重摹，其游在嘉祐庚子三月十八日，宿少林寺诗在此后月余也。志言讲堂壁古碣森罗，号为墨洞，今无一存。昔时之道统祠、岁寒居、丽泽堂并题榜亦撤弃无遗。门右土阜端平，为唐时封禅坛。其上丰碑屹立，高三丈许，为开元中颂圣感应碑，云龙刻镂，钜丽巍闳，照耀山河，为嵩少诸石之冠。然其文为奸相李林甫谀颂之词，所述为道士孙太冲还丹之事，惟徐季海古隶端严，有怒猊抉石，渴骥奔泉之势，王弇州谓其绝类玄宗，要为可宝耳。西北去五六里，至法王寺，寺在玉柱峰右，拓地高敞，背负嵩岑，俯瞰二熊诸山，排列如拱，为山前第一壮刹。建自东汉永平，与洛阳白马寺同时，最为首创。魏名护国寺，晋名法华寺，隋名舍利寺，唐太宗时名功德寺，玄宗改名御容寺，代宗更名文殊师利广德法王寺，五代间分为五院，兼护国、法华寺名，宋仁宗仍赐名嵩山大法王寺，历代崇奉，瑰丽冠绝一时。

明季毁于兵燹，清康熙间蒋超等鸠赀重修，差复旧制。今者，频经劫火，又零落都尽矣。寺产既尽籍入官，皓首孤僧，以躬耕自给不去。因导余等周览内外，为言院内银杏数株为劫余之物，旧有神光说法、池涌金莲之异，今方池久涸，金莲不开，惟中秋之夕，“嵩门待月”为寺中殊胜，差能领略。访院内外石刻，凡得十种，粗志厓略于后幅，聊以补山志之阙，其霾没荒陬，不及穷搜者尚多。按叶氏山志，景氏《说嵩》，咸言此寺最古，而古刻荡然，今以片刻之余闲，竟获贞珉多品，岂当日诸公竟失之眉睫耶，抑诸石晚出，频有移置也。逾西岭而下，半里许入嵩岳寺。寺本魏离宫，建于永平二年，正光间榜曰闲居寺，僧徒七百，堂舍千间，建十五层塔，故今呼为大塔寺。隋改名嵩岳寺，唐武后以寺为行宫，置镇国金佛，中宗更于南山造十三层浮屠，今则视法王寺荒凉尤甚。寺有李北海碑，久佚，惟文载《嵩书》中，其他古刻亦鲜。塔即在院内，雄杰耸峙，高十五层，层十二面，形制奇古。塔内污暗不可登，亦无文字可考，惟偶行败殿中，委地尚余二石。一为唐大中元年两京故临坛大德乘如和尚碑阴记，一为宋崇宁元年箫和书灵塔铭、感应罗汉洞记，碑已断折，视其文有梁武帝六代孙、年八十一岁、大历云云，未知于灵运禅师为何属也。然萧姓改箫，缁流荒鄙，殊难索解。入寺日影已昃，因煮粥充饥，匆匆复发。下岭沿象鼻山西行，十数里抵会善寺。寺在邢家铺东北，积翠峰下，亦魏孝文帝离宫，恭陵王为澄觉禅师精舍于此，隋开皇中赐名会善寺，唐代时有增饰。旁有戒坛院、琉璃坛，坛为禅师一行律师玄同于寺西创造者，所谓五佛正思惟戒坛也，今已荒废。入内步行一周，门殿凡四重，后楼五楹，历级而升，尤高明爽垲，亦昔时庋经之所。乾隆时尝为行宫，所锡联榜犹存。前殿有玉佛一尊，亦永乐时唐王所献，与少林寺后阁所供者正同。临门极望，高柳数行，清流一曲，风景既优，形势亦壮。缘山诸刹，法王以幽奇胜，此以清旷称，洵鹫峰之宝地，鹿苑之灵区。惜守护无人，樵牧不禁，坐令荒废，览之恻然。山后有石穴出泉，清流瀌瀌，然流至山门而止，差供炊汲。《嵩书》谓晏公讲经，有龙来听，向之乞水，所谓龙赠泉也。寺中石刻殊鲜，秖觅得唐碑二通，一卧山门内，其砌入垣内者为唐嵩山故道安禅师碑，然字迹磨灭殆尽，秖及题额九字，及末行广平宋儋书僧破灶数字可识。儋遗翰罕传，仅于阁帖中得其彷佛，书史评其书如“寒鸦栖木，平沙走兔”，安得此碑旧拓一寻玩其妙趣耶。坐眺良久，意欲西行，乡人言西去皆荒原，无可登览，询永泰寺亦荒废，遂归。归检山志，始知寺西戒坛虽废，然尚有后魏北齐碑刻及唐净藏禅师塔、代宗敕、陆长源记、梵网经诸石，失于交臂，为之怅惘无已。元代溥光拣公茶榜旧在戒坛，最有盛名，近已移庋城中。闻有元和十年李师直撰惠海塔铭，道光戊申得之戒坛故址者，未审亦藏尊古阁否。至唐宋人题名石柱，则为前令傅梅徙植衙斋，秩满竟辇幢以去，并文字亦不载《嵩书》中，惜哉。

十五日。决为登嵩之游。凌晨即兴，辰初出东门，渡河，见双峰秀列，中细如蜂腰，有塔巍然涌出者，为愌来山。过山而东，凡八里，至中岳庙。庙前有小市集，倚岁时赛会为生。汉石阙在其南百步许，穿行麦田往观，形制与少室启母二阙同，而垒石特完整，且二阙皆汉篆，而此独作八分书，凡二十八行，行八九字不等，其文剥蚀者殆半，欧、赵、洪三家碑目皆未著录，顾亭林始言及之，中州石墨，当推此为老寿。不意有常州莊姓者，乃磨去旧石，自刻新题，狂谬无识，乃至于是，深足叹愤。稍北，道旁有石人二，出土三尺许，不若他墓翁仲之高伟，顶上刻有马英二字，形式古朴。森玉言此真汉物也，为摩玩久之。岳庙规制特为闳伟，朱甍碧瓦，壮丽如王者居。前为三坊，坊北为草参亭，亭北为天中阁，高檐拂云，巍如凤阙。阁北界以重门，南曰化三，北曰崇圣，东为神库，四铁人守之，姿态雄猛，背有铸字，为治平元年三月二十八日维那王吕荣、忠武军匠人董瞻美记。又有登封县押司刘琰等凡十七行。再进为峻极门，累朝谕祭碑咸列于下，两旁为四岳殿。又北为降神门，入门即峻极殿。殿凡九楹，高广视衡岳差逊，亦可与岱华争雄矣。殿墀东西为香帛亭，西庑为七十二司，后为寝宫。宫前有枯柏二株，号日月柏，日柏覆以亭，月柏支以石，皆馀枯□矣。庙中柏林最茂，凡二百余株，附殿者三十二株，峻极门百十有七株。住持言，汉柏存七十余株，凡树杪焦枯者皆是。龙拿凤翥，极盘屈奇矫之致，远望葱郁，蔚为大观。庙始创于汉，今太室石阙即当时庙前神道，魏时移在岭上，唐开元间始建庙于今址。其地后倚黄盖峰，岧峣秀发，前横玉案山，颍水环其外，气象端严，局度闳敞，自汉迄今二千余年，享礼馨香不绝，地脉灵长，抑有由矣。惟规模虽号鸿伟，而修缮失时，倾圮日甚，峻极门外旁殿颓陊已尽，瓦砾纵横，如行荒墟中。内外碑刻林立，不及遍览，惟嵩高灵庙碑于中岳石刻中舍汉三阙外最为古旧，甃置小室中，特往一观。高六尺四寸，广三尺，中段多剥落，分书存五百八十余字，碑阴题名正书，考为太安二年所立，碑首有圆孔，犹存古制。览毕，穿后殿，经御书楼而出。楼为近时新构，微染欧风，式特粗鄙。庙制崇严，如被山龙衮服之衣，而忽以劲装楚制厕杂其间，凡有目者知其不伦矣！道流无识，可为嗟惜。山坡有寿星石，纹理粗肖，亦达摩影石之类。自此循大道上山，经黄盖峰，峰顶有琉璃亭。八里至宋家门，青林赭壁，人家三五，临崖小聚，差有幽趣。二里至铁梁沟，已抵万岁峰下，路渐斗峻。更约六七里，至青岗坪，有屋数楹，曰老中岳庙。平岗新构，差可驻足，下视黄盖，已落足底矣。西上数里，逾大岭，转而北，高岩雄屹，削壁千寻，下临绝壑，阴森无底，所谓大小铁梁峡也。回望虎头、狮子诸峰，向之插汉侵霄者，至此帖伏于履屣下。缘岩仄径蜿蜒而升，始尚夷坦，渐进益高。或时有崩石横阻，倾崖半欹，则扶筇攀石，奋力猱升，幸径非绝险，屡息定喘，渐转横冈。又数里过天门，入幽峡，连峰蔽天，负势争高。折而西趋，风云出入，阴阖阳开，瞬息易状，径愈狭，境愈奇，上升益以难。转岩角而北，忽见群巘乍开，中露平坂如掌，俯视螭吻鱼鳞，罗缀于岚翠者，则白鹤观也。观圮已久，新筑安阳宫，正当遇圣峰下，背负三峰，左右皆绝壁，南向空阔，下瞰群山，连帷列案，浮眉涌髻，咸贡奇擢秀于前，幽邃轩明，兼擅其胜，图志称为太室之奥，殆非溢美也。以炊爨无人，一览即去。再上二里，至松树洼，则峻极宫在焉。舆人言去绝顶尚三里，仍联袂而往，所行皆山脊，平坡斜上，抵峻极峰。得一石室，卑狭不可留，少北为华盖顶，圆正蹲覆，上有石筑方址，疑为古封禅遗基。闻旧树御碑于此，碑已久仆，近则并其参石亦坠之深谷矣。再上百许步，绝顶巨石三五，错列其间，时界正午，天空微云，光景倏忽。余等据石纵观，凡金壶、玉镜、浮丘、太白二十四峰，咸自东西奔赴，拱揖来朝，惟少室如天半青莲，披华涌采，有拔秀争雄之势。左顾则方山、具茨绵延起伏于平原，右顾则洛都、伊阙隐现微茫中，北望极于成皋、玉门，指点可见，黄河一线微明，环带于其外，上天下地，独立苍茫，使人飘飘然有凌云之气。及远望燕云，风尘澒洞，不觉万感横生，大地茫茫，未知置身何所矣。回至峻极宫午膳。宫旁有泉可汲，岂所谓天池玉井者耶。询历代相传古迹，如玉女窗、捣衣石、八仙坛、三醉石，道人皆谢以不知，即魏善惠大士之双林寺、宋刘居中之控鹤庵，在岳顶最为有名者，亦无人能指其故址。盖数百年来，无人护持，仙阓神乡，早随风雨星霜以俱逝矣。云重风寒，不敢久留，仍取原路回青岗坪。

定议迂道访卢岩，由坪后东折而下，旧有坦途，岁久冲激，破石确荦，不良于行。历荒岑数里，转而南，势略平夷，疑即三休台也。下抵巨涧，峭壁四围，境地孤绝，近涧寻得残基，知为上卢岩寺。坐涧石流玩，壁间隐隐见文字，岩际尚有瀑痕，而涧上不留涓滴，袁中郎所赞为“苍寒霏微、帘披绡曳”之妙，已渺无可观，知雨断泉枯，匪伊朝夕矣。此地为唐卢鸿故宅，后舍宅为寺，所居有宁极室、广学庐，聚徒至五百人，事见《唐书》。当时盘阿高遁，择胜披奇，传有草堂、樾馆、倒景台、枕烟庭、云锦淙、期仙磴、涤烦矶、幂翠庭、洞玄室、金碧潭十景，各为文词以标举之，所谓草堂十志也。图画流传，宋元以来珍为剧迹，可以欣玩无涯。及今日归途过此，则阴崖涸涧，焦坂童冈，不特图中十景无复遗痕，即山中所勒四铭，亦莫寻篆刻。石穴中所镵灏然遗像，早已髡为佛容，随破寺以归湮没矣。寺左垒石为关，跨山缭谷，名卢岩寨，为明季避兵地。循涧而下，峡中奇石纷罗，如床如几，散绮垂云，与碧潭相映发。其中白石墨影，如捲波界画者，中郎曾以墨浪石志之。下流五里，入卢岩下寺，存荒屋数栋，村农携家住此，鸡栖豕笠，污秽逼人。碑刻只存嘉靖一通，粗纪重建始末，高隐遗踪，临风三叹。然其地山色如屏，溪流绕舍，杂花生树，碧草成茵，秀野芳原，甲于嵩麓。倘得雅流胜士，小作经营，不及十年，可为嘉遁之幽栖矣。闻龙潭寺上院在东岭下山围中，为白香山频游之地，以日宴而止。下山西行，五里过岳庙，又八里回城，斜日沉山，浓云出岫，回望来时诸峰，杳霭已入米家泼墨图画中矣。

十六日。晨兴，天宇沉阴，同人初意辍游。已而视雨意尚薄，仍决策为告成、石淙之行。即刻双舆同发，森玉独跨驴从。仍出东门，经岳庙而南，七里黄楼，五里五渡河，即五渡溪也，平冈回合，溪涧萦纡，膴膴芳原，风气清淑。溪导源九龙潭下，注为焦河，其水潜流地下，至五渡村出，与卢岩水合流。《水经注》言，其水出太室东溪，“迭相灌澍，崿流相承，为二十八浦”，东流“径阳城西，石淙潆委，溯者五涉，故亦谓之五渡水”。今观途中所历，涉流数四，景象犹仿佛可睹，其说不虚。惟郦氏又言“山下大泽周数里，清深肃洁，水中有立石，高十余丈，广二十许步，上甚平整，缁素之士多泛舟升陟”。今则平沙浅濑，绝无崇丘远浦之观，知陵谷迁变，莫可追寻矣。又十里告成镇，即古之阳城，魏为郡，隋为县，五代以后并入登封，亦作部城。入城驻车少息，游周公庙。出城里许，庙孤立荒野中，入门石台高丈许，上树表石，长八尺，其阳镌字曰“周公测景台”。据《唐书》，开元十年，诏太史监南宫说所制，杜氏《通典》载仪凤四年五月，命太常博士姚玄于阳城测景台依古法立八尺表日中测景，即此。台后为文宪王庙，庙北台甚危敞，上覆以屋，高五丈，纵广三丈，形体方正，而背乃中凹，其上以悬壶滴漏。当凹处下铺平石三十六方，每石长三尺六寸，直陈于地，刻周天一百二十尺，其长与台之高等，广可二尺许，刻水道两行于上，尽处可环通，以承壶漏，视水之度以定时刻，世称为量天尺。潘次耕言，周公卜洛，立表测景，以此为地中，庙南石表是谓土圭，庙后崇台用以测景，今以石表为测景，而谓崇台为观星，非也。前圣理法精深，规制奇古，余未明历算，不敢忘置一词，然古代测天之制作仅存此硕果，要宜善为保持。闻昨者当道遣工师来此，测绘成图，将议兴工，是亦差强人意也。庙中古刻无存，惟明陈凤梧新庙记、伦文叙测景台碑差可摩读，以考见原委。按唐范荣有《测景台赋》，郑樵《通志》有《测景台记》，元许有壬有《阳城山记》，明邵宝有《测景台考》，皆关庙事迹，守土者宜乘此重修之役，取诸篇文字勒诸贞石，亦异时图经掌故之资也。东行六七里至石淙，即平洛溪，唐人谓之平乐涧，发源玉女台下，《水经注》所谓龙渊也。两岸夹以冈阜，至此去肤透骨，石根尽露，故溪流不越数丈，岭势秖及寻余，而水石乃奇绝。余等蹑足层磴，踞车箱潭上，骋目四顾，其景色大似雷溪，虽雄壮之观不及，而灵秀乃或过之。沿涧奇石如笋林，中扼以三峰，屹如底柱，其旁或岩空有洞窟，或高耸若楼台，其下流饮兕卧罴，更有扼险当关之势。水以逢石而怒，石以漱水而灵，由是激荡渟洄，绮变万端，遂呈水石相生之妙。尝览潘次耕游记，谓石仅数拳，水裁一勺，特盆盎间物，而讥袁中郎过为形容，一似武夷九鲤者。余意袁氏之夸诩诚为过实，然中州土厚，泉石稀逢，清胜若斯，宜如星凤。徐霞客所言，不意黄茅白苇中，顿令一洗尘目，与余要有同感也。北岩石壁刻武后游石淙诗，及皇太子相王诸臣应制之作，南岩刻张易之秋日宴石淙序，皆薛曜所书，笔力挺秀，在欧褚间。北岩诗刻字尚完好，南岩有宋范纯仁题名，又熙宁庚戌张绘题，宣和乙巳王仲蕤、向子諲题，宣和甲辰王绩诗，惟字多剥损，难施椎拓。又有大定癸卯栖云老人题名，在沈佺期御名之次。石壁多留孔穴，或当年亭榭架构之遗，或云即观澜亭址也。小石淙在东里许，联步相携，蹋涧而往，下游双崖欲合，黛色幽沉，如缩瞿唐艳滪、玉渊金井于尺幅画图中，又如游吴越人家明园，削石移峰，意匠经营，呈此异境，惜乎旱久泉微，不获尽玩其回旋搏激之奇耳。北岩有小祠，号三元宫，此疑道士妄袭旧名题之。考张说谏疏，称御苑东西二十里，榛丛谿谷，池亭奇巧，削峦起观，竭流涨海，俯贯地脉，仰出云路，则当日离宫壮丽，必极丹青土木、弥冈被野之观，岂涧唇数亩之地所能容哉！又东过刘碑村，雨作，就村店野食。出村二里许，访刘碑寺，寺有北齐天宝八年造像，高乃盈丈，镌刻殊精，碑阴题名上下凡七列，其铭序中称佛弟子刘碑河涧人，盖造像之主，造寺亦以刘碑为名也。院中有天宝八年断碑一通，其经幢则宋宣和年所立也。日晚，即赴归途，西北行二十余里，迅风凌雨，破天而来，如近村乡校暂避，雨止遂行，回城已曛黑矣。

十七日。晨，束装启程。森玉欲迂道至会善寺观魏唐刻石，骑驴先发，四侄亦补游岳庙，余与蜇人偕行。二十五里逾崿岭口，又数里抵参驾店，森玉始来。十五里至府店午饍，四侄亦驰至。北行四十余里到偃师车驿，邑令马君坚邀入署，旋往观新城。县治旧濒洛水，前年为水淹没，乃募振金数万，于驿北卧虎山下营新村，以居灾民。嗣议就村营建新城，礼堂、图书馆、医院诸屋规模次第粗具，官廨亦方奠基，其余居民、廛市咸划分区域。登高一览，地域高朗，景物清怡，南望平原千顷，绿树连云，远则嵩少诸峰罗列如旌麾，伊洛诸水萦绕如鞶带，锦绣山河，天开图画，规营缔造，期以岁年，可为豫西壮县。第民力未苏，生计苦绌，城成之后尚烦掰画耳。夜车抵洛阳。游迹所至，当别为文以志之。

按：嵩山即《禹贡》之外方山也，三代以前不以岳称，嵩高中岳之名始见于《尔雅》。

周公定鼎洛邑，中州为天地所合，风气所会，阴阳所和，中岳以近在王畿，居四方之中，故嵩高峻极之名特著，而岱、华、衡、恒各峙一隅，若列宿之卫紫垣，群方之拱宸极，则中岳之雄长宇内，巍然为群岳之尊，自古而然矣。顾或谓嵩岳托地虽尊，而其体势崇闳，实远逊于他岳，恒山僻远卑陋，固无足称，试以东西南三岳而言，无论岱宗之雄厚，屹镇海东，泰华之灵秀，高标天半，比长挈大，难以等伦，即衡山之绵亘八百里，独霸炎维，其博大闳奇，抑岂二室所能比拟！余以尝私疑其故，迄今通观博览，而知其说之未然也。夫嵩山据华夏之中，崇峻而端直，厚重而方严，得坤道直方大之体，二十四峰备天运四时之数，其造化蕴蓄如此，岂高广所能尽者哉。昔人谓嵩山如卧龙，脩鳞危脊，踞地蜿蜒，望之浑成，初无嵚崎萃峰之势，及造中峰之巅，始见骧首掉尾，或舒或蟠，端严可畏。至少室如九鼎莲花，随地异状，华贵之美，宁逊三峰。况乎中州间气所蟠结，以此奠四维之心，绾八埏之轴，如易卦居中得正之爻，何屑矜才骋异，以与群辈争短长耶。余谓嵩山如钜人长德，其品端重，其量闳深，其气沈肃，视之初无异于恒人，而实足负荷天下之重，彼岱华之属，各矜材武，耀文华，特疏附奔走之伦耳。且以文譬之。华岳如周秦诸子，岱岳如两汉群儒，衡岳如六朝绮丽之才，至于嵩岳，则元气浑噩，简重严深，典谟训诰之体也。加以兹山见称独早，自上古以逮今兹，凡封祀之灵贶，帝后之巡游，栖隐之高风，名贤之雅韵，与夫锡飞羽化，灵物仙踪，耀耳目而拓心胸者，何可胜数，而碑碣文字之丰美，尤足以重声价而显灵奇。三阙聚于一邑，岿然灵光，信为神物。其余魏齐之石以十数，唐宋之石以百数，而金元之石委弃霾藏，为志乘所未收，碑目所失载者，尚不可以数计，此亦非四岳所敢望也。所足惜者，沧桑递变，陈迹咸堙，访古之兴虽殷，而揽胜之情多沮。盖由于泉流衰缩，林木荒枯，以致胜水名山，黯然无色，而寺宇之倾颓，古迹之芜废，犹其末焉者也。就余躬历而言，旧时以泉石名者，惟少室微有溪声，石淙尚余尺水，其龙潭、卢岩之胜，已无复澄渊悬瀑之观。至如林峦之景，弥复萧疏，嵩阳古柏而外，惟少林一曲，岳庙周垣，差具葱茏森秀之姿。其他唐宋以来宫观故址，皆委于荒榛残砾之中，使人望而气索。尤可诧者，自黄盖峰而上，以至峻极宫，三十里间，弥望荒凉，牛山濯濯，求一合抱之木、蔽亩之阴，而渺不可得。世传卢岩寺之银杏、白鹤观之古松，既早厄于斤斧，若次耕游记所称松杉满谷，清溪潺湲，奇禽回翔，异花烂熳者，更徒为虚语矣。嗟夫！袁中郎文西极之胜赏，缈矣难追，若次耕距今，为年甫甯二百，所述会善之幽闲，龙潭之清整，皆为山中胜刹，今日过之，则已颓垣败础，触目生凄，余流连凭吊，未尝不慨叹于劫运之循环，宗风之凌替，而地方人士不能维护，或从而放废摧毁之，举前贤古德之缔构功勤，浸久浸废，驯至于澌灭以尽，吁！可痛矣。今者，微闻汉阙议建双亭，告成鼎新庙貌，嵩阳古院，亦将宏开讲舍，所冀有司画定规程，平治道途，广培林木，胜迹之就荒者，从而修复之，古刻之散佚者，访而庋藏之，名蓝古观，葺治护持，期以岁月，次第推行。从此云山生色，泉石增晖，吾知十年之后，嵩少之间，凭轼结轫而来者，将有山阴道中应接不暇之叹，余虽颓老，亦愿支筇蹑屐，步上天门，重揽河洛千里之壮观，宁非幸叹。

崇福宫金元石刻七种：

一、成吉思汗皇帝致丘长春书三通。

一、丘长春为蒲察大使书海市诗。

一、至正九年本宫界址官牒。

一、至正九年重建三清殿记，止敬撰，阎询书，李杰撰额。

一、至正二十年修建崇福宫碑，梁宜撰，必生达而书，张起岩篆额。

一、至元二十年崇福宫宗主栖云虚静真人寿宫记。

一、宋贾善翔编寇天师传、樗栎隐士秦士安续、大德十年本宫提点彭志贤等建。

法王寺元以前石刻十种：

一、恭晖舍利函，文曰：大唐中岳闲居寺故大德寺主恭晖舍利函，开元廿年岁次壬申七月五日乙卯，第子比邱琰卿记。此石寺僧言为新出者，已巳年七月十八日山中大水冲出。

一、唐嵩岳寺故大德净源禅师塔记，大历十年夏四月建。

一、唐中岳大沙门释封□□舍利宝□□。

一、嵩岳少林寺教玄禅师塔铭，天安元年建塔，元光二年十二月又七日毕工。

一、大金故大法王禅寺第十二代妙□禅师碑，后往（疑为“住”）持嗣祖撰，皇统八年戊辰仲春三日密邑明经永造书。

一、亨公长老舍利函记，前住持嵩山大法王亨公长老遗骨舍利，见住持同法小师太原祖照龛于寺西南朝台顶。大金元贞元年朔照识，并州李汾书。

一、金法王寺开堂疏，元贞二年十月孔元措，颜讹等，衔长不具录。

一、复庵和尚塔铭，元贞元年阎复撰，严忠济篆，觉亮书。

一、汾溪芮公禅师道行碑，大元延祐改元岁次甲寅。

一、月庵海公禅师道行碑，大元延祐三年岁次丙寅。

此上各碑叶氏《嵩阳石刻记》、毕氏《中州金石记》及王陆二家金石目未及录，故附志其目于末，庶异时补入山志焉。

社区名人

LOCAL RECORDS OF ZHONGYUEMIAO

中岳庙社区全景图

革命英烈

李法成

李法成（1929—1948 年），男，中岳庙村六组人。革命烈士。1948 年 1 月参军，同年 4 月在湖北省武汉市牺牲，生前系中国人民解放军某部二十六旅六十六团三营七连战士。

名人与中岳庙社区

中岳庙社区晨雾

刘 彻

刘 彻（公元前 156—前 87 年），即汉武帝，西汉第 7 位皇帝，汉景帝子。公元前 140—前 87 年在位。元狩四年（公元前 119 年）派使者公孙卿“候神”于嵩岳太室山上。元封元年（公元前 110 年）三月，刘彻“礼登中岳太室，从官在山下，闻若呼万岁者三”，武帝于是“问上，上不言；问下，下不言”，大家都说是山神在迎接汉武帝。武帝很高兴，把闻听“山呼万岁”的山峰称为万岁峰，下令在峰巅建万岁亭，在峰麓建万岁观，划山下三百户设崇高县（今登封市），免徭役，专管祭岳之事。令祠官增修扩建太室祠（今中岳庙），并在祠内祭祀嵩山。祭岳活动礼成，武帝在庙内斋戒七日，斋“讫乃还”。

寇谦之

寇谦之（365—448 年），字辅真，上谷昌平（今属北京市）人。北魏道士。十八岁从成公兴入华山学道；又转入嵩山修道 30 余年。后托言太上老君授予“天师”之位，并赐以《云中音诵新科之诫》20 卷，要他整顿道教，改革天师道，制订乐章诵诫新法，称为新天师道。为表彰寇谦之的功绩，弟子在中岳庙刻立《中岳嵩高灵庙之碑》，记录其业绩与贡献。

武则天

武则天（624—705 年），唐高宗后，武周皇帝。690—705 年在位。名曌，并州文水（今山西文水东）人。武士彟之女。载初元年（690 年）自称圣神皇帝，改国号为周，改元天授，史称武周。先后 9 次幸巡、封禅嵩山。武后垂拱四年（688 年）七月，改嵩山为神岳，封其神为天中王，配为天灵妃。万岁通天元年（696 年）腊月，则天皇帝封禅于神岳嵩山，改元万岁登封。圣历二年（699 年）春二月，尊神岳天中王为神岳天中黄帝，天灵妃为天中黄后。提高了嵩山和中岳庙的社会地位。

李隆基

李隆基（685—762 年），即唐玄宗，一称唐明皇。唐代皇帝。712—756 年在位。开元时，定祭五岳礼，每年一祭。开元十八年（730年），玄宗依照汉武帝增修岳庙之制，再修中岳庙。天宝五年（746年），命祀嵩山以王礼，仍封中岳神为“天中王”，天灵妃为“天中王后”。天宝十年（751年）遣秘书监崔秀到中岳庙代祭嵩山。从天宝年间（742—756年）初开始，每年六月，遣河南守至岳庙恭祀嵩山，玄宗形成的礼制，终唐无改。

道　潜

道　潜（1043—1106年），北宋僧人。善诗。於潜（今浙江杭州）人，俗姓何，本名昙潜，字参寥，自号参寥子，好友苏轼将其改名为道潜。元符二年至崇宁二年（1099—1103年），楼异任登封县知县期间，邀请好友道潜来到登封，共同赏游嵩山胜景，峻极寺、揖仙亭、法王寺、嵩岳寺、嵩顶、子晋祠、中岳庙等嵩岳胜景给道潜留下深刻印象，写进诗中，传之后世。在中岳庙，道潜观看了楼异祭祀中岳嵩山神的盛况，在《次韵试可岳祠祭土宿斋》诗中留下了珍贵的祭岳“三亲”（亲历、亲见、亲闻）史料。

李　廌

李　廌（1059—1109年），北宋文学家，字方叔，华州（今陕西华县）人。少以文章谒苏轼，甚得赞赏，为“苏门六君子”之一。中年绝意仕进，寓居嵩山南麓的长社（今河南长葛），致力著述。李廌多次和朋友游玩嵩山，用诗文记述嵩山峻极下中上三院、天封观、启母庙、崇福宫、少林寺、嵩阳书院、法王寺、真君观、将军柏、卢岩瀑布、玉女捣帛石、嵩顶、三醉石、天门泉等诸多文化和自然景观的景貌。在《谒中岳祠》诗中，叙述中岳庙位居天地之中，如天庭一样，大门紧闭，礼祭中岳时，仪式威严，感慨宋代祭祀嵩山的礼仪远不如秦汉时隆重了。

赵秉文

赵秉文（1159—1232年），金文学家，字周臣，号闲闲居士，晚号闲闲老人。磁州滏阳（今河北磁县）人。大定进士，官至礼部尚书。能诗文，其散文所表现的思想，以周程理学为主。金正大时（1224—1231年），哀宗遣赵秉文到中岳庙致祭嵩山。

吴全节

吴全节（1269—1346 年），元代道教嗣师真人。字成季，号闲闲，安仁（今江西余江）人。幼学道，得秘法，后从师张留孙谒元世祖，大德年间授道教大宗师，“崇文弘道玄德真人”，总摄江淮荆襄等处道教。元仁宗皇庆二年（1313 年）春四月，吴全节和太常寺卿李允中奉旨投金龙玉简到诸嵩洞，蕆祀之际，吴全节赋《中岳投龙简记》五言诗一章并序，刻碑立于中岳庙内。

徐霞客

徐霞客（1586—1641 年），明地理学家。名弘祖，字振之，号霞客，南直隶江阴（今属江苏）人。天启三年（1623 年）二月二十日徐霞客抵达登封县，晚住中岳庙，匆匆浏览庙院。第二天早上，到中岳大殿，拜谒中岳大帝。出殿，即登太室绝顶。徐霞客在登封县五天时间，写有《游嵩山日记》，记述游嵩行迹。

王　铎

王　铎（1592—1652 年），明末清初书画家。字觉斯，号嵩樵、烟潭渔叟、痴仙道人等，孟津（今河南孟津县）人。明天启二年（1622 年）进士。累官礼部尚书、东阁大学士。明崇祯三年（1630 年）十月十二日中岳尊神成道升真之日这天，翰林院侍讲王铎等 10 余人在南京户部侍郎吕维祺带领下，来到嵩山中岳庙祭祀岳神，王铎沐手撰书《告文》碑，刻立庙内。留有《登岳庙天中阁看山感时》《中岳庙火》《入黄盖山后峰》《黄盖峰有闻》等诗。

爱新觉罗·弘历

爱新觉罗·弘历（1711—1799 年），即清高宗，世宗第四子，清代皇帝，年号乾隆。1735—1796 年在位。乾隆十五年（1750 年）九月三十日至十月四日，同皇太后、皇后，率亲王贝勒、文武大臣一行巡狩中岳嵩山。九月三十日下午抵达登封县，晚上驻跸少林寺。

十月初一日将午从嵩阳书院起驾去中岳庙，经西天中街到天中阁外下马，入登峻极殿，瞻拜康熙帝御书“嵩高峻极”匾额，在香案前行礼毕，晚驻跸中岳庙行宫。初二日黎明，奏乐、赞引，在中岳庙大殿举行隆重的祭岳大典，亲行三献礼。礼成乘舆经庙后黄盖峰、宋家、滴水棚、好汉坡、青岗坪折向西北登临嵩山主峰峻极峰，放鹤飞翔入云，赐峰名凤凰山，御制诗一章，刻石峰巅，以记登临。自嵩顶跸回至黄盖峰，放鹿鹤各三。入中岳庙御营，会宴祭岳王公大臣和地方官员，免除登封县辛未年（1751 年）应征地丁钱粮。晚仍驻跸御营。初三日，皇太后、皇后銮驾从少室山东来，乾隆皇帝亲自迎接于嵩阳书院，中午回至中岳庙行宫。休憩后，游览岳庙。是晚，皇帝奉皇太后驻跸御营，营在中岳庙东华门外。初四日凌晨，乾隆皇帝车驾先行，皇太后、皇后相继起銮，自中岳庙东行，出景店经密县、郑州还京都。乾隆此次在中岳庙题御制诗 6 首、匾额 4 方、对联 4 幅。乾隆年间，还遣使 12 次致祭嵩山中岳庙。

黄　易

黄　易（1744—1802 年），清篆刻家、书画家，字大易，号小松、秋盦，浙江仁和（今杭州）人。为“西泠八家”之一。清嘉庆元年（1796 年）九月十日至十七日至嵩山访金石，其中十三日到中岳庙，看太室阙，铭文、画像是重点；细览石翁仲，在东石人冠顶发现一“马”字，黄易认为字“深刻极古，真汉人八分”书；进西华门，宋金四巨碑对立，见魏寇谦之等碑；大殿前两铁狮，金正大年铸；铁炉，元至元年铸；大门内守库铁人四，内二人有治平、熙宁等题款四段。十六日，黄易再游中岳庙，见古柏很多，有特点，年代久远有廿余，东一柏最大，大过嵩阳书院二将军柏。拓唐、宋、元诸碑和铁人、铁狮、铁炉诸款。再观太室阙，题名其上。

大事记

LOCAL RECORDS OF ZHONGYUEMIAO

鸟瞰中岳庙社区

西汉元鼎元年（公元前116年）秋，汉武帝召见齐人公孙卿，公孙卿曰："黄帝时万诸侯，而神灵之封居七千。天下名山八，而三在蛮夷，五在中国，中国华山、首山、太室、泰山、东莱，此五山黄帝之所常游，与神会。"汉武帝拜公孙卿为朗，使候神于太室。

西汉元封元年（公元前110年）三月，汉武帝至中岳，登嵩山。从官在山下闻若有言呼万岁者。汉武帝令祠官加增太室祠（中岳庙），禁伐其草木。以山下三百户为之奉邑，名曰崇高县。

东汉永平六年（63年），汉明帝幸阳城，遣使者祠中岳。

东汉建初五年（80年）春二月，旱，如炎如焚，章帝下诏祷中岳祈雨。

东汉元初五年（118年）四月，阳城长吕常造太室阙于太室祠前。此阙是中国现存最早的庙阙。

东汉阳嘉元年（132年）春二月，京师旱，敕祷名山岳渎，遣大夫、谒者诣崇高请雨。

东汉熹平五年（176年）夏四月，中郎将堂溪典请雨，上言复崇高山名为嵩高山（汉武帝祠中岳，改嵩高为崇高）。

魏黄初二年（221年）六年，文帝曹丕初祀中岳。

魏太和四年（230年）八月，明帝曹叡东巡，遣使者以特牛祠中岳。

西晋永嘉二年（308年），前赵刘渊改元永凤，遣其子刘聪率军五万攻洛阳前，至嵩岳祭告。

东晋咸和八年（333年）正月，成帝司马衍郊祀中岳于覆舟山（今南京城东北）之南。

北魏时，太室祠更名中岳嵩高灵庙，简称嵩岳庙、中岳庙。

北魏时期，寇谦之居中岳庙传道，"隐处中岳三十余年"。期间，主持修建中岳庙。

泰常八年（423年），明帝遣使以太牢之礼致祭中岳。

太延元年（435年），太武帝更造岳庙，置侍者90人，每岁祈祷，以除水、旱之灾。

太延年间（435—440年），中岳庙损坏较甚，太武帝遣道士杨龙子重建中岳庙，竣工刻立《中岳嵩高灵庙之碑》立于庙内。此碑是道教立碑之始。

太和十八年（494年），孝文帝元宏致祭嵩山，御制《祭嵩高山文》。

太和二十年（496年）八月，孝文帝幸嵩高山。

北齐天保元年（550年）五月，文宣帝高洋即位。六月，诏遣使人致祭中岳。

北齐天保六年（555年）六月，文宣帝遣使致祭嵩岳神祠。

隋开皇十五年（595年）三月，文帝杨坚东巡，望祭嵩山。

唐贞观三年（629 年）六月，太宗遣长孙无忌、房玄龄等祈雨于嵩山。

唐贞观十五年（651 年）冬十月，太宗幸嵩阳。

唐调露元年（679 年）秋七月，诏以今年冬至有事嵩岳，礼官学士详定仪注。

唐永淳二年（683 年）春正月，高宗及武后则天幸嵩山奉天宫，遣使致祭中岳祠。

武周垂拱四年（688 年）七月，武则天改嵩山为神岳，封其神为天中王，建天中王庙。

武周如意元年（692 年），武则天遣金台观主马元贞至中岳庙祭祀。

武周证圣元年（695 年），武则天下诏尊中岳神为天中王，岳神配偶曰天灵妃。

武周万岁通天元年（696 年）腊月，武则天封禅神岳，大功告成，大赦天下，改元万岁登封。禅于少室山。二月，尊神岳天中王为神岳天中黄帝，天灵妃为天中黄后。

开元十八年（730 年），玄宗依西汉武帝元封元年幸嵩山增修岳祠的故事，下令重修中岳庙。

天宝五载（746 年）春正月，玄宗封中岳神为天中王。

天宝十载（751 年），玄宗遣秘书监崔秀至嵩山祭祀中岳，并规定以后每年六月，河南尹代表“天子”至岳下庙中，恭祀中岳。此种祭岳制度，终唐无改。

建中元年（780 年），河南尹重修中岳庙。

贞元二年（786 年），德宗诏太常卿裴郁恭祀中岳。

大和三年（829 年）六月，河南尹王潘至嵩山中岳庙准制拜岳。

咸通二年（861 年），“出府库十万”，登封县令李方郁主持重修中岳庙。

五代后梁开平四年（910 年）九月，太祖朱温以久雨命祠嵩岳。

后梁乾化二年（912 年）五月，太祖车驾至西京洛阳，令宰臣赴中岳祈雨。

后晋天福八年（943 年）六月，遣供奉官诣嵩山投龙简祈雨。

后晋开运年间（944—946 年），少帝诏令河南尹代祭中岳。

宋乾德元年（963 年），太祖赵匡胤令有司制岳神衣冠剑履，遣使易之。六月，遣使祷雨中岳庙。

乾德二年（964 年）六月，遣使祷雨嵩山中岳庙。同年，差军将孙禧、登封镇将郭武等重修中岳庙杂屋 23 处、行廊 100 余间，彩画塑像，载松植木绿化庙院，八月竣工。

开宝六年（973 年），敕修中岳祠，诏县令兼庙令，县尉兼庙丞，专主祭祀之事。

开宝九年（976 年）秋七月，命修中岳庙。

淳化元年（990 年）夏四月，遣中使诣中岳庙祷雨。

景德四年（1007年）二月，真宗车驾自西京还东都，至郑州，遣使祀中岳。

大中祥符四年（1011年）五月，真宗诏封中岳帝号曰中天崇圣帝。诏翰林学士李宗谔等人与礼官详定仪注及冕服制度，作为崇饰中岳神像的礼仪制度，以州长吏以下充祀官致祭。十二月，遣使诏加中岳帝后“正明”之号。

大中祥符六年至八年（1013—1015年），真宗敕令增修中岳庙殿宇、碑楼等850间，移塑尊像及装修新旧功德画壁等470处。

大中祥符八年（1015年）二月，真宗诏令在中岳庙建坛，并御制醮告文一篇，遣使醮告于嵩山，由刘太初书丹，刻于石幢，立在庙内。

治平元年（1064年）三月，中岳庙冶铸铁人四尊，置立火池（清称古神库）四角。

治平二年（1065年）九月，以久雨遣使祈于岳祠。

熙宁元年（1068年），天旱，祷雨岳祠。

元祐五年（1090年）二月，祷雨岳祠。

元祐八年（1093年）八月，久雨，祷于岳祠。

宋崇宁元年（1102年），天中街属天中乡管辖。

金皇统五年（1145年），河南尹李侯施命统制孙坚、登封县令随琳鸠工聚材，重修中岳庙，孟夏动工，仲秋竣工。整修后的庙貌：耽耽翼翼，鳞萃翚飞，内外咸新，耀焕群目。

大定四年（1164年）六月，世宗命有司祭谢中岳于北郊，庚午日定祭中岳礼制。

大定十六年（1176年）四月，世宗敕令重修中岳庙工程开工，到十八年（1178年）六月竣工，用钱14964贯，用工48362个，整修殿屋238间。

承安元年（1196年）夏四月，章宗遣使于京城北郊望祭中岳。

承安四年（1199年）五月，天旱，章宗命有司望祭中岳祷雨。

承安五年（1120年）三月，尚书省委派河南尹梁襄监修、河南府录事宋元承修的中岳庙重修工程竣工，刻立《承安重修中岳庙图》碑于庙内，该碑至今保存完好。

泰和四年（1204年）五月，章宗下诏三祷中岳。

大安三年（1211年）四月十七日至后十月初一日，工部委托芝田县主簿、登封县主簿负责重修中岳庙正殿、廊庑、双亭、草参亭、门额等，焕若一新。

兴定二年（1218年）秋七月，天旱，宣宗遣使于京城北郊望祭中岳。

正大五年（1228年）五月至九月，登封县令重修中岳庙殿宇、廊庑、疏通泉水等工程竣工。

正大年间（1224—1231 年），哀宗曾遣礼部尚书赵秉文致祭中岳嵩山。

元至元三年（1266 年）秋七月，遣使祠中岳。

至元四年（1267 年）夏四月，遣使祀中岳。

至元五年（1268 年）夏四月，遣使祀中岳。

至元六年（1269 年）夏四月，遣使祀中岳。

至元八年（1271 年）秋七月，祠祭中岳。

至元九年（1272 年）春正月，遣使持香幡，祠中岳。

至元十一年（1274 年）三月，遣使代祀中岳。

至元十二年（1275 年）二月，遣使代祀中岳。

至元十三年（1276 年）五月，遣使代祀中岳。秋七月，遣使持香币祠中岳。

至元十四年（1277 年）二月，诏命道教宗师祁志诚致祭中岳，并投龙简于嵩山。

至元十六年（1279 年）二月，遣使代祀中岳。

至元十七年（1280 年）二月，遣使代祀中岳。

至元十八年（1281 年）春正月，遣使代祀中岳。

至元二十一年（1284 年）二月，遣蒙古官及翰林院官各一人，祭祀中岳。

至元二十二年（1285 年）春正月，遣使代祀中岳。

至元二十三年（1286 年）春正月，遣使代祀中岳。

至元二十四年（1287 年）春正月，遣使代祀中岳。

至元二十五年（1288 年）春正月，遣使代祀中岳。

至元二十六年（1289 年）春正月，遣使代祀中岳。

至元二十七年（1290 年）春正月，遣使代祀中岳。

至元二十八年（1291 年）春正月，遣官持香诣中岳致祭。春二月，下诏加封中岳神为中天大宁崇圣帝，并命玄教宗师张留孙等致祭中岳。

至元二十九年（1292 年）二月，遣使代祀中岳。

至元三十年（1293 年）春正月，遣使代祀中岳。

元贞二年（1296 年）三月，成宗遣使代祀中岳。

大德十年（1306 年）八月，遣王德渊等至中岳庙代祀中岳，并投龙简以祈福。

至大元年（1308 年）三月，武宗遣使祀中岳。五月，遣道教宗师马守心前往中岳庙致祭，并投金龙玉简于嵩山。

皇庆元年（1312 年）六月，仁宗遣使致祭中岳。冬无雪，诏祷中岳。

皇庆二年（1313 年）四月，遣玄教真人吴全节、太常寺卿李允中至中岳庙致祭，投龙简于嵩山。

延祐三年（1316 年）六月，仁宗下旨，钦命中岳庙提点杜道元为中岳庙住持。

延祐四年（1317 年）正月，遣使致祭中岳。十一月，皇太后遣使至中岳庙祭祀。

泰定元年（1324 年）秋七月，泰定帝遣使代祀中岳。

泰定二年（1325 年）八月，遣使代祀中岳。

泰定三年（1326 年）三月，遣使致祭中岳。

泰定四年（1327 年）闰九月，致祭中岳。

天历二年（1329 年）冬十月，遣使代祀中岳。

至顺二年（1331 年）冬十月，遣使代祀中岳。

至顺三年（1332 年）六月，遣使祭祀中岳。

后至元元年（1335 年）十二月，惠宗口授圣旨，要求军队、官民保护中岳庙，刻《圣旨》碑于中岳庙，至今保存完整。

后至元二年（1336 年），惠宗遣使至中岳庙致祭。

后至元五年（1339 年）六月，惠宗敕命重修中岳庙竣工，此次整修历时三年，适峻极殿成，遣翰林学士王沂致祭嵩山中岳庙。

至正九年（1349 年）春，惠宗遣资善大夫、宣政院使伯彦忽都，奉锦幡、白金及银盒至中岳庙致祭。

至正十四年（1354 年）二月，惠宗遣使奉香币抵中岳庙致祭。

明洪武二年（1369 年）三月，太祖遣夏子成至中岳庙祭告。

洪武三年（1370 年），太祖下诏去五岳历代封号，各岳皆称神，中岳称“中岳嵩山之神”。七月，遣典宝彭恭至中岳庙祭告。

洪武九年（1376 年）秋七月，分遣国子生修中岳神祠。

洪武十年（1377 年）八月，遣中山侯汤和及道士陈玉京、刘崇玄至中岳庙致祭。

洪武十二年（1379 年）八月，遣使郑允存至岳祠致祭。

洪武二十六年（1393 年）十二月，开封周王朱橚亲至中岳庙致祭。

洪武二十八年（1395 年）七月，征广西蛮夷，遣使至中岳庙祭告。

洪武三十年（1397 年）九月，征西南苗夷，遣使至中岳庙祭告。

永乐四年（1406 年）七月，征安南（今越南），遣使至中岳庙祭告。

永乐五年（1407 年）五月，平定安南凶悖，遣道士岳崇高、监生屈伸至中岳庙祭告。

成化十三年（1477 年）五月，因暴风雨，中岳庙寝殿损毁严重，行将倾圮。

成化十八年（1482 年），登封县令侯观拆除摇摇欲坠的寝殿，于五月动工重建，次年（1483 年）十二月竣工。同时，岳庙其余殿房亦得到修葺。庙外土德观于成化十九年（1483 年）重修。

嘉靖四十一年夏至四十三年秋（1562—1564 年），重建天中阁，使用黄金两千两。工部尚书朱衡应邀为之肇名曰“天中阁”。

嘉靖十八年（1539 年）三月，明世宗次钧州，望于中岳。

嘉靖年间（1522—1566 年），创建黄箓殿（今御书楼），储存道教经函。

明嘉靖年间初期，中岳庙西天中街河沟上修筑一座东西向的单孔石拱桥，桥北百余米处凿水井一眼，供全村汲用。

万历三十八年（1610 年）春，登封县知县傅梅重修峻极殿等，创建配天作镇坊，重建秀毓三河坊。

崇祯三年（1630 年）十月十二日，户部侍郎吕维祺、太常寺卿郭兴言、翰林侍讲王铎、兵科给事中张鼎延、兵部车马司主事刘景耀等至中岳庙祭告。王铎作《告文》刻碑立于庙内。

崇祯九年（1636 年），建造神州宫凝真阁。

崇祯十四年（1641 年）三月，岳庙火，大殿、两庑等 17 座建筑被焚毁。庙外土德观亦为灰烬。

明万历间，登封县划分 36 里（保），天中街属大宁保管辖。

清代，登封县下设 10 里 8 镇店，天中街隶属大唐里（今唐庄镇）管辖。

顺治八年（1651 年）夏四月，遣官祭祀中岳。

顺治十年至康熙二年（1653—1663 年），历时十年的中岳庙重建工程竣工。

康熙二十一年（1682 年）二月，以平滇遣官告祭中岳。

康熙二十七年（1688 年），登封县知县王又旦在天中阁左右建福国门坊和佑民门坊，并围以周垣；重修配天作镇坊和黄盖峰巅中岳行宫。

康熙二十三年（1694 年）十月，御制“嵩高峻极”匾，悬置岳庙峻极殿内。

清康熙三十五年（1696 年），景日昣编纂的《嵩岳庙史》成书，该书共分图绘、星野、沿革、形胜、营建、祀典、灵异、岳生、诗赋、艺文十卷。这是中岳庙历史上仅有的一部志书。

康熙五十四年（1715年）三月，客商范必成等捐资重修黄盖峰中岳行宫。

乾隆元年（1736年），登封知县施奕簪倡议捐资重修中岳庙峻极殿、寝殿、东西廊房、穿廊、南岳殿、遥参亭、名山第一坊等。

乾隆年间（1736—1796年）初期，登封县下设8镇（店），天中街隶属唐庄镇管辖。

乾隆十五年（1750年）仲春至初秋，为迎接乾隆皇帝九月巡祭中岳嵩山，敕令重修中岳庙，同时新建行宫、嵩高峻极坊、无字碑亭、古神库、钟鼓楼、东西朝房、九龙宫、玉皇殿等。

乾隆十五年（1750年）十月初一日中午，乾隆帝巡祭嵩山中岳庙，晚驻跸岳庙行宫；初二日黎明，在大殿行祭岳大典，乾隆帝行三献礼，礼毕率众由庙后登临嵩山主峰峻极峰；初四日，车驾离开中岳庙行宫。此次乾隆给中岳庙御制诗5首、匾额联4幅。蠲免辛未年（1751年）全县应征地丁钱粮。

乾隆十五年（1750年）十月，乾隆皇帝巡祭中岳时，安南国（今越南）使臣亦趋至中岳庙，进贡九柄玉如意。乾隆帝把九柄玉如意留在中岳庙作为祭岳礼器。同时留在岳庙的祭祀礼器还有乾隆皇帝祭岳时使用的铜鼎炉、铜五供等。

乾隆二十五年（1760年）孟春至仲夏，河南巡抚胡宝泉主持重修中岳庙峻极殿、寝殿、四岳殿、迎神门、峻极门、东西掖门、东西廊房、天中阁等，用银4829.8两。

乾隆四十八年（1783年）季春，河南巡抚李世杰奉敕重修中岳庙竣工，请帝作碑记，因之乾隆帝御制七言诗一首，刻碑立于庙院御碑亭中。

乾隆五十一年（1786年）河南巡抚毕沅奉敕重修中岳庙，改建名山第一坊、秀毓三河坊、位中四岳坊、配天作镇坊等。

光绪三十四年（1908年）十一月，宣统帝即位，遣使至中岳庙祭告。宣统帝是中国最后一位帝王，礼祭中岳由此终结。

1924年12月15日，康有为游览中岳庙和天中街。

1929年，军阀石友三部驻防登封县，盗走中岳庙寝殿大铜镜一面。

1934年，登封县设8个区，区下划分43个联保处，350个保，天中街保属中岳庙联保处，归唐庄区管辖。

1936年6月中旬，著名建筑学家刘敦桢等人考察中岳庙，在《河南省北部古建筑调查记》文中，详细考证了金代、清代初期、清代中叶中岳庙制的结构、特点和对中国岳渎祠庙建筑的影响。记述了中岳庙部分金石文物的学术价值和天中街与岳庙的位置关系。

1938年春，侵华日军侵占华北，河南省立武陟中学为避免遭日寇戕害，迁校至中岳庙继续办学。开封艺术师范学校也同时至此。

1941年，登封县撤销区署、联保处，划为8镇，天中街保属唐庄镇。

1941年10月12日，中岳庙大殿遭到侵华日寇飞机轰炸，炸毁大殿东北角，殿内天花板震落殆尽。炸死武陟中学学生1人、炸伤守殿道士1人。

1944年4月27日，日军侵占密县，进攻登封县卢店、中岳庙，驻守中岳庙的中国军队在东天中街寨门外挖一条南北长的战壕（当地俗称“战沟”）阻击侵犯日军，经三昼夜激战，日军于4月30日退回密县。5月4日，日军绕道大冶进攻登封，6日侵占登封。

1944年5月，日军侵占登封，武陟中学迁往卢氏县，艺术师范停课。

1946年，私立中岳中学迁入中岳庙办学。

1947年冬，私立中岳中学停办。

1948年5月，成立中共庙上村（中岳庙）支部委员会，党员10余人。村委会同时成立。

1950年上半年，中岳庙村小学建成开学。

1950年，庙上村属中岳庙乡管辖，归第一区（城关区）管理。

1954年3月，登封县人民政府明确登封县人民文化馆文物专职干部宫熙同志负责中岳庙保护管理、对外开放和旅游接待等工作。

1958年3月，中岳庙村属中岳庙中心乡管辖，划归第四区（唐庄区）管理。

1958年10月，中岳庙中心乡划归城关人民公社。

1958年，中岳庙村建立卫生所。戏园建成使用。两座跃进楼、五排跃进房建成使用。

1958年初春，登封县委、县政府利用中岳庙筹办的登封县博物馆（登封县跃进展览馆）开馆，全年接待国内外参观者近9万人。

1961年3月4日，太室阙被国务院公布为第一批全国重点文物保护单位。

1961年，中心乡撤销，以大队为核算单位，中岳庙大队下辖6个生产队，属城关人民公社。

1963年6月20日，中岳庙被河南省人民委员会公布为第一批河南省文物保护单位。

1963年冬至1964年夏，河南省文化局拨款，登封县文物保管所负责落架维修中岳庙峻极门。

1964年元月，登封县文物保管所成立，负责全县文物保护管理、对外开放和旅游接待等工作，办公地点设在中岳庙内太尉宫。同年，检修漏雨严重的中岳大殿殿顶。

1966年5—12月，砸毁中岳庙明、清时期的铜、铁、锡质铸器文物111件，重16500多斤。砸毁匾额、对联40块和大型泥塑彩像、木雕彩像30尊、大型悬空彩塑背光3座。扒毁清代建筑5座。砍伐庙旁道士坟地古柏30多株、庙内用材树60多棵。

1974年冬至1975年春，登封县文物保管所检修中岳庙中轴线建筑遥参亭、天中阁、中岳大殿等破损比较严重的古建筑，正式对社会开放，门票5分。

1975年秋，中岳庙村小学初中班开学。

1977年秋，中岳庙村小学高中班开学。

1979年秋，中岳庙村小学高中班解散。

1980年秋，中岳庙村小学初中班撤销，合并到新店初中。

1982年6月14日，中岳庙大队改为中岳庙村民委员会，下辖的6个生产队改称村民组。归城关镇人民政府管辖。

1986年，中岳庙小学新建教学楼一座，两层，标准教室共10个、教室办公室2个。

1988年秋，中岳庙村小学重设初中部。

1995年6月，中岳庙村划归中岳经济开发区管理委员会管辖，同时中岳经济开发区更名为中岳工业区。

1996年秋，中岳庙村小学初中部合并到新店初中。

1996年8月14日，中岳庙村青岗坪庙、九龙宫被登封市人民政府公布为第二批登封市文物保护单位。

2000年6月8日，中岳庙村民委员会改称中岳庙居民委员会，划归中岳街道办事处管辖。

2001年6月25日，中岳庙被国务院公布为第五批全国重点文物保护单位。

2007年，为提高村民自觉保护文物意识和行为，中岳庙村民委员会制定发布《中岳庙村保护太室阙和中岳庙村规民约》。

2008年初春，中岳庙村拆迁，村小学合并到中强学校。

2009年9月，中岳庙馨园建成，共38栋楼房，926户拆迁户入住。村“两委”、村幼儿园同时迁入馨园。

2010年8月1日，太室阙和中岳庙作为登封“天地之中”历史建筑群的重要组成部分，在联合国教科文组织世界遗产委员会第34届世界遗产大会上通过审议，成功列入世界遗产名录，成为中国第39处世界遗产。

2010 年 11 月，第六次全国人口普查，中岳庙居民委员会总人口为 2494 人。

2011 年 12 月 14 日，中岳庙村老君殿、无极殿被登封市文物管理局列入登封市第三次全国文物普查不可移动文物保护名录。

2012 年 10 月，村“两委”在馨园打一眼 360 米的深水井，新建泵管理房一座，安装一台 60 吨无塔供水器，供小区居民用水。

2012 年 11 月，中岳庙社区馨园居民区架通天然气。

2013 年，社区观山悦居民区建成，有 460 套房。

2015 年 6 月，村“两委”在西天中街北侧打一眼 260 米的深水井，新建水泵管理房一座，安装一台 20 吨无塔供水器，供西天中街西端居民用水。

2015 年秋，村“两委”在馨园修建立文化广场并安装了健身器材，同时篮球场建成使用，丰富了居民文化生活。

2015 年 11 月，中岳庙社区馨园居民区使用热力取暖。

2017 年 10 月，中岳庙社区对馨园居民区供水管网进行升级改造，全长 2800 多米。

2017 年 6 月 24 日，经中岳庙居民代表表决通过，实施《中岳庙社区居民公约》。

2018 年 10 月，成立中共中岳庙村总支委员会，下设 3 个党支部、党员 119 人。

2019 年初，社区居民区太室公馆改建竣工，有 114 套房。

观山悦

2020 年 3 月，启动馨园居民区居民居住环境进行升级改造工程。

2020 年 5 月 19 日，中岳庙居民委员会调整为中岳庙社区居民委员会，社区辖有馨园、观山悦、太室公馆、林场家属院、中岳庙西天中街西端和东天中街东端未拆迁居民等 6 个居民区，归属中岳街道办事处管理。

2020 年 10 月至 2021 年 1 月，社区“两委”在馨园居民小区安装充电桩 21 处、充电设备 120 台、充电插座 240 个。

2020 年 11 月，第七次全国人口普查，中岳庙社区总人口为 5238 人，其中有户籍人口为 2597 人。

2021 年 2 月 7 日，馨园居民用水改为以城市自来水供水为主，社区深井水为辅助的用水模式。

2021 年 2 月 25 日，经中岳庙社区居民代表表决通过，实施修订后的《中岳庙社区居民公约》。

2021 年 3 月，馨园居民居住环境进行升级改造竣工。

2021 年 4—6 月，规划建设“中岳文化苑”，拆迁西、东天中街民居 199 处。

太室公馆

口述史

LOCAL RECORDS OF ZHONGYUEMIAO

保护中岳庙　四十余载初心依旧

口述：宫嵩涛
整理：郭洪涛

我父亲叫宫熙，中原大学毕业，1949 年 3 月参加革命工作。1954 年 3 月，根据工作需要来到登封专职从事文物保护和对外开放工作，先后在登封县人民文化馆、登封县文物保管所等单位工作。1964 年全家落户到中岳庙村四组。2001 年 2 月去世，从事中岳庙保护工作长达 48 年。

一是保护维修和绿化中岳庙。1957—1963 年，持续主持清整庙内垃圾、杂草、杂物，检修险情严重的古建筑，维修门窗，改变了庙院破败景况。1957 年 10 月，主持给两个汉代翁仲修建两座四角攒尖亭进行保护。1963 年冬至 1964 年夏，主持对峻极门进行加固屋

历史老照片。1981 年 3 月 24 日，世界建筑学会副主席、南京工学院教授杨廷宝和夫人陈法清（右四、五）在省科协、省文化局领导陪同下考察中岳庙历史建筑留影。左一为宫熙先生

架，翻修殿顶；1964 年夏，中岳庙大殿漏雨严重，主持勾糊殿顶，特别是侵华日军飞机炸坏的东北翼角，这次维修使中岳庙大殿险情没有继续恶化；同年，在庙内和中华门至太室阙神道两侧种植柏树 2600 余株，种植黄杨、腊梅、樱花、垂柳、垂槐、紫荆、木槿、松树、冬青等 10000 余株，新建花坛 10 余座，美化了中岳庙环境。1968 年，采用油毡盖椽洞、外露木构件桐油钻生等防腐防雨做法，使中岳庙大殿完好地保持到 1986 年落架翻修。1974 年，主持维修了遥参亭、天中阁殿顶和中岳庙大殿殿顶等，使中岳庙于 1975 年春顺利开放。1976 年落架整修遥参亭、1979 年落架整修配天作镇坊。1986—1987 年，中岳庙民主管理委员会落架重修中岳庙大殿，河南省古代建筑保护研究所古建队承担施工任务，受聘为业务技术顾问，常驻工地，指导工程顺利竣工。

二是研究宣传中岳庙。根据文献史料、庙内金石文字的记载，结合现存古建筑特有的建筑艺术特点，深入研究中岳庙的历史、艺术、科学价值，整理、撰写丰富的研究资料，如执笔撰写 1958 年《登封县志》“文物名胜志”、1959 年《中岳嵩山名胜古迹介绍》、1961 年《郑州市文物志》“登封县文物志”等，中岳庙均是主要篇章；1964 年、1976 年编印《中岳庙简介》两种版本，印刷销售多达 50 万册；发表《中岳庙石翁仲》等学术文章 10 余篇，均被社会各界广泛引用。

三是中岳庙文化旅游接待。从 20 世纪 50 年代中后期至 80 年代初期，中岳庙的旅游接待工作几乎由他一人承担，先后接待陶铸、李德全、何长工、赵朴初、田汉、夏鼐、任继愈、皮定均、路易·艾黎、宗道臣等知名领导、专家学者和国际友人等数百人。80 年代中后期应邀为省、县外事、旅游部门培养导游骨干 30 余名。

1985 年受到文化部、国家文物局表彰。

搬迁新居的幸福生活

口述：申炎西

整理：宫嵩涛

我叫申炎西，1968 年 1 月出生，中岳庙村五组村民，现任中岳庙社区党总支书记、主任。在我的印象中，过去我们住在那种老式的砖瓦土坯房里，又深又窄的院落，家家户户挨在一起。夏天雨水大的时候，排水不畅，院子里的积水多的时候，有一尺多深，干什么都不

方便。村里、村外都是土路，一下雨走路弄得鞋上、裤腿上全是泥，心里头很不舒服。

改革开放的春风带来了福音，铆足了干劲，我与几个志同道合邻居共同经营建筑模具租赁，经济好了以后，建起了自己的独家小院，房屋宽敞亮堂，干净舒适，比过去强太多了。可是一到冬天，冷得厉害，用烧煤的回风炉取暖，稍微暖和一些，不卫生，炉渣弄得屋里脏兮兮的；水塔里的水结冰，不能使用，日常生活带来不方便；厕所是旱厕；还害怕风吹煤烟倒灌到屋里，引起煤烟中毒，心里老是不得劲。

2008 年初春，为申报世界文化遗产，市里和办事处主持拆迁了中岳庙东、西天中街老房子和新建的独家小院，新建居民安置小区馨园。2009 年 9 月，我和我们村的村民一起高高兴兴搬进了馨园新居，用起了自来水、天然气，冬天有热力取暖，有线电视、网络全覆盖，小区内的环境绿化的给公园一样，安装了健身器材，有篮球场、乒乓球室、文化娱乐室。从 2020 年 3 月开始，到 2021 年 3 月竣工，历时一年时间，将馨园内已经破损严重的水泥路面重新铺为柏油路面，总长 4500 余米，27000 余平方米；更换路沿石 3000 余米；新建环形健康步道路 500 米；在小区对面新建停车场 13 亩；新安装监控系统，达到小区全覆盖；新更换居民楼门洞大门 110 扇；新建 3 个游园，面积达 1500 平方米；新安装充电桩 21 处、240 个充电插座，方便了居民日常需求。现在我们的居住环境和郑州、洛阳都差不多。

中岳庙社区全景图

馨园社区

附　录

中岳庙村保护太室阙和中岳庙村规民约

太室阙和中岳庙分别是1961年3月4日、2001年6月25日经国务院公布的全国重点文物保护单位，是珍贵的历史文化遗产，是全世界的财富。为了提高全体村民保护世界遗产的意识，增强村民素质，根据《保护世界文化遗产和自然遗产公约》的规定，制定本村规民约。

一、太室阙和中岳庙保护村规

1. 全体村民要认真学习《保护世界文化遗产和自然遗产公约》，充分认识太室阙和中岳庙的珍贵价值，自觉保护文化遗产，确保其真实性和完整性。

2. 全体村民要切实做好遗产的防灾、防火、防破坏等工作，共同担负起保护文化遗产的重任。

3. 禁止村民在太室阙、中岳庙文物保护区划内乱挖乱建破坏周边环境，一切动土工程要严格按照有关规定进行报批。

4. 严禁在太室阙、中岳庙文物保护区内堆放危害文物安全的物品，禁止燃烧农作物秸秆等行为的发生。

5. 维护文物保护区内的环境卫生，不乱扔杂物，不随地吐痰，不放养家畜。

6. 树立主人翁责任感，爱护公共财物，维护公共秩序，保持环境风貌，不乱堆放生产、生活用具。

7. 严禁村民在文物保护区范围内乱砍滥伐，破坏花草树木。

8. 禁止任何人和单位向保护区内排放有污染气体和废水等有害物质。

二、居民文明公约

为加强太室阙、中岳庙的文物保护工作，提升文化遗产地的整体文化形象，争做文明居民，请遵守以下公约：

1. 邻里和睦、文明礼貌，诚信为本、热情待客。

2. 讲究卫生，不随地吐痰、乱倒垃圾。

3. 爱护公共财物，爱惜公共设施。

4. 遵守公共秩序，不喧哗吵闹，不并行挡道，不无理取闹。

5. 衣着整洁得体，不在公共场所袒胸赤膊。

6. 尊重别人权利，尊重他人劳动，尊重各民族的宗教习俗。

三、村委会职责

1. 根据《保护世界文化和自然遗产公约》的要求，负责对村民保护世界遗产的情况进行落实，发现问题及时进行处理，对违反者进行批评和教育，并责令其改正。

2. 组织村民定时进行文物保护法制培训及相关历史文化遗产知识培训，不断提高文物安全和保护意识。

3. 组织群众自觉维护文物保护区划内的治安工作，做好防事故，防破坏、防灾安全预防措施。

4. 组织群众经常开展环境卫生扫除，并进行评比认定，保持文物保护区良好的环境风貌。

5. 协助政府及各有关部门做好遗产保护工作。

本村规民约公布后，大家要共同遵守，互相监督，自觉执行。

（摘自郑州市嵩山历史建筑群申报世界文化遗产委员会办公室编著《嵩山历史建筑群》第 335 页，2008 年 7 月科学出版社）

中岳庙社区居民公约

（2017 年 6 月 24 日经中岳庙社区居民代表表决通过实施；2021 年 2 月 25 日修订，经中岳庙社区居民代表表决通过实施）

为提高社区全体居民自我管理、自我教育、自我服务、自我约束能力，培养良好的社会风尚，建设和谐幸福社区，根据国家法律、法规和有关政策规定，结合社区实际，通过“一征三议两公开”工作法，制定中岳庙社区居民公约。

第一章 总 则

围绕“党建领航 六村联创”工作，开展“三亮一争”活动，发挥党员先锋模范带头作用，引导全体干群积极参与“六美”登封建设。凡社区重大事项必须运用“一征三议两公开”工作法执行，并公示实施结果。社区党务、政务、财务及时公开，接受居民监督，真正达到公平、公正、公开，透明。

第二章 分配制度

第一条 分配制度是指社区组应赋予居民的土地收益、福利等各项经济利益的享有权利。各组的收益归各组分配、社区级的福利收益归全体居民享有。

第二条 组级的收益按当年人口数统筹分配，前半年增加的人口享受全额分配，后半年增加的人口享受半额分配；前半年减少的人口享受半额分配，后半年减少的人口享受全额分配。

第三条 本社区出嫁后的闺女（户口是否迁出以结婚证或举行婚礼仪式为准）和招出去的男孩离婚后，户口又迁入本社区的，不享受本社区居民同等待遇（包括子女等）；招出去的男孩，不管什么原因又返回原籍的（包括妻、子女等），不享受居民待遇。特殊情况除外。迁入本辖区居住 10 年（含 10 年）以上，同样可参加集体经济分配。（本公约未执行之前可按居民组原规定办理）。

第四条 离婚不离家的媳妇可享受居民同等待遇；若男女方再婚，只有一方（原配或新配）可参加集体经济分配，但特殊情况除外：另一方在本辖区居住 10 年（含 10 年）以上，并且原配无再婚的，同样可参加集体经济分配。（本公约未执行之前可按居民组原规定办理）。

第五条 丧偶的女居民与招赘的女婿所生子女享受居民待遇，男方带来的子女在本社区落户三年以上方可享受本社区居民同等待遇（以户口本为准）。

第六条 家中无男孩，招入赘女婿者。男方户口入户本社区，可享受居民同等待遇（以户口本为准），若家中姐妹数人，只享受一人。

第七条 原出生在本社区，现在是非农业户口的一律不参加经济分配。

第八条 今后原则上不办理非农业户口迁入，特殊情况在本社区落户的所有非农人员，必须与组签订“不参加社区组经济分配”承诺书，经居民委员会审查备案。

第九条 凡在本社区寄挂户口、非转农户口人员，不享受居民同等待遇，应遵守本社区的相关制度，服从管理，其医疗保险、社会保障险等可纳入社区级管理，费用自理。

第三章 惠民政策

第十条 本社区学生凡考取清华大学、北京大学，由居民委员会一次性奖励 10000 元。

第十一条 本社区学生凡考取重点大学的一次性奖励 2000 元（仅限 985、211 院校）；考取一本的奖励 1000 元。

第十二条 居民委员会对居民实行大病补助及突发性灾难救助 2000 元（一次性医疗费用超出 50000 元“含 50000 元”以结算清单病历为准）。

第四章 行为规范

第十三条 不准与各级政府组织离心离德，组织他人聚众闹事或以封路阻工方式表达个人诉求。个人诉求要通过居民委员会反映，严禁违法上访。

第十四条 不准组织参与封建迷信活动和邪教组织，严禁参与反党反政府活动。

第十五条 不准违反规划私搭乱建，乱堆乱放；不准损坏树木，堵塞道路，严禁破坏公共设施，严禁在社区内种植与绿化无关的植物。

第十六条 不准楼道内及公共场合堆放杂物，严禁楼上抛物，乱倒垃圾。开展人居环境整治活动，实行垃圾不落地清运，推行垃圾分类处理，严格按规定时间投放垃圾，严禁随意倾倒垃圾、偷排污水。

第十七条 不准造谣惑众，搬弄是非，诬告陷害他人，破坏安定团结。严禁拉帮结派，搞小团体主义。

第十八条 不准打牌赌钱，酗酒滋事，酒驾醉驾，打架斗殴。

第十九条 严禁焚烧秸秆，破坏生态环境。

第二十条 子女必须履行赡养义务，孝敬老人，做到给父母洗澡、理发、剪指甲、换洗被褥，每月至少一次。

第二十一条 拒绝赡养父母，屡教不改，情节恶劣的，经居民代表讨论决定是否剥夺居民待遇。

第二十二条　社区每年召开道德风尚评议会，评选“优秀共产党员”“好家风家庭”；评选助人为乐、见义勇为、诚实守信、敬业奉献、孝老爱亲模范，并进行张榜公布和奖励表彰。

第二十三条　违反本居民公约的，居民委员会可作以下处理：

（一）批评教育，责令赔礼道歉。

（二）责令其停止违法行为，恢复原状或罚款。

（三）取消社区及组各项优惠待遇。

（四）凡违反本规约进行处理的，必须调查核实，经居民委员会讨论决定，并出具“决定书”。

（五）本公约与国家法律、法规、政策相抵触的，按国家规定执行。

（六）本规约经居民代表表决通过后实行。党员干部应带头遵守，率先示范。

参考文献

[1] 郑州市图书馆文献编辑委员会 . 嵩岳文献丛刊 . 郑州：中州古籍出版社，2003.

[2] 郑州市嵩山历史建筑群申报世界文化遗产委员会办公室 . 嵩山历史建筑 . 北京：科学出版社，2008.

[3] 登封市地方志编纂委员会 . 登封市志 . 郑州：中州古籍出版社，2008.

[4] 河南省嵩山风景名胜区管理委员会 . 嵩山志 . 郑州：河南人民出版社，2007.

[5] 登封文化广电新闻出版志编纂委员会 . 登封文化广电新闻出版志 . 郑州：中州古籍出版社，2015.

[6] 嵩山文化研究院 . 明清登封方志集成 . 郑州：中州古籍出版社，2021.

[7] 郑州市文物志编辑委员会 . 郑州市文物志 . 北京：中华书局，2013.

[8] 《登封市民俗志》编纂委员会 . 登封市民俗志 . 郑州：河南人民出版社，2015.

[9] 吕品 . 中岳汉三阙 . 北京：文物出版社，1990.

[10] 司荣军 . 嵩山世界地质公园 . 徐州：中国矿业大学出版社，2010.

[11] 程胜利，等 . 嵩山地质博览 . 北京：地质出版社，2003.

[12] 郑州市地方史志办公室 . 郑州金石志・汉代编 . 北京：中国水利水电出版社，2021.

[13] 郑州市地方史志办公室 . 郑州金石志・隋唐五代编 . 北京：中国水利水电出版社，2021.

[14] 郑州市地方史志办公室 . 郑州金石志・金元代编 . 北京：中国水利水电出版社，2021.

嵩山太室山云海

中岳庙社区全景

中岳社区新貌

中岳庙瑞雪

编纂始末

中岳庙社区无志。中岳庙村亦无志。

2020 年，在郑州市地方史志办公室指导下，登封市中岳街道办事处、中岳庙社区居民委员会开始启动《中岳庙村志》编纂的前期筹备工作。2021 年，登封市地方志办公室牵头组成编纂委员会，经过推荐申报，《中岳庙村志》被郑州市地方史志编纂委员会纳入郑州市名镇志、名村志、名街志文化工程编纂项目库。村志编纂伊始，因行政区划调整，中岳庙村调整为社区，村志更名为《中岳庙社区志》。

为做好社区志的编纂，对照郑州市地方史志办公室的要求，结合中岳庙社区的发展历史，突出社区特色，拟定纲目，撰写文稿，数次呈请郑州市地方史志办公室朱军主任审核和指导，规范了编纂思路，完善了内容框架，完成志稿撰写。

编纂过程中，多次在中岳庙社区寻找知情人调查采访，多次到登封市档案馆查阅档案资料，使志稿撰写顺利进行，通过社区志记录了新时代中岳庙社区人们的美好生活。程胜利、付顺和、张坤华、申坤兴、郭军、李先道、申炎西、张海欣、韩延平、申占光、耿建松、张红旭、付建伟、付迎宾、程文卿、宫荣森、郭太顺、郭永朝、王书信、胡三虎、刘世奇、宋峻鹏、王天申等人或提供了部分资料，或参与调查采访，或协助整理资料，谨致谢忱。书中未注明拍摄者图片均为刘客白拍摄。

《中岳庙社区志》以突出社区文史和现况为主，在篇目设置上力图有所创新，在语言上努力追求朴实、严谨、简洁、流畅，增加可读性，填补了从中岳庙村到社区没有地方史志的空白。

2022 年春节前后，朱军主任利用节假日，再次认真审核文稿，提出具体修改意见，指导如何进行补充、完善，谆谆指教，顺利定稿。刘恒、李靖、王丹和登封市地方史志办公室白少丹主任等人在繁忙的工作中拨冗指正，使编纂工作如期完成。在此深表谢意！

感谢郑州市地方史志办公室将《中岳庙社区志》纳入“郑州市名村志文化工程”丛书出版发行。中岳庙社区居民委员会予以大力支持。再次由衷感谢！

因本书中所选照片及文章众多，部分作品未能在出版前及时联系到著作权人，请著作权人看到后与我们联系，我们将奉上稿酬。

因编者水平有限，加之时间仓促，其错误和遗漏的地方在所难免，敬请社会各界人士和专家学者批评指正。

《中岳庙社区志》编纂委员会

2022 年 10 月